勝谷誠彦の
まだまだ知られてたまるか!

実はあと10本ほど続編のタイトルを準備していたのである。『まだまだ知られてたまるか！』に続いては『それでも知られてたまるか！』『とことん知られてたまるか！』『死んでも知られてたまるか！』『必死のパッチで知られてたまるか！』『「ムーブ！」が終わっても知られてたまるか！』…。「そんなネーミング考えるから、ホンマに番組が終わってしまったやないですか」。あっ、ウエタケ君。確かにその通りだ。だったらこの際『朝日放送が潰れても知られてたまるか！』「シャレになんないからやめてください」。あっ、堀江さん。元労組委員長が眉間に皺をよせてそう言うと、ホントにシャレにならん気がします。

そういうわけで続編にして最終巻である。これから先に私が発掘する店は、知らせたくても知らせる場がなくなるので、私ひとりとごく親しいオネーチャンたちとで密かに楽しむのである。ざまあ見ろ。「カツヤさん、そういうこと言っているからオネーチャンが近寄ってこないんですよ。それから、見栄を張るのも、いい歳なんだからそろそろおやめになっては…」。あっ、カトちゃん、君が付き合ってくれればすべては解決するんだが。「残念ですね〜、これでカツヤさんと呑む機会もなくなる…もとい、ぐっと減りますね〜、いやあ残念、残念」。なんで遠ざかりながら言うんだ。

カトちゃんの人生を変えられなかったのは残念だが「知られてたまるか！」は多くの人々の人生や価値観にも影響を与えた。コーナーが始まる頃は酒を飲めず鶏も食えなかったプロデューサーの須々木さんはどちらも大丈夫になった。問題なのはいずれも「超一流のものなら」という条件がつくことである。彼は今後の人生で、酒と鶏に多大な出費を強いられるだろう。ディレクターたちもどえらく舌が肥えてしまった。番組では食べているシーンを撮ったあと、改めて同じ料理を作ってもらいブツ撮

それでも、知られてたまるか！？

勝谷誠彦

りをするのだが、それを終えたあとの料理はスタッフの余得である。カメラを意識することなくゆったりと味わいながら食べるのである。つい先日まで味どころか飯を食えるかどうかでドキドキしていたくせに、今や「この肉はちょっと熟成が足りない」とか「この酒は雄町を使っているにしては輪郭がぼけているね」などという発言をオネーチャンを伴って安いチェーン居酒屋で繰り広げている光景があまた報告されている。DVフジタ、酒乱フジタ、キミたちのことだよ。

　ニューフェイスの乾アナは番組終了直前になってようやく「おいしい」以外のセリフを言えるようになったし、食べながら酒を吹き出すという新しい芸風を食べ物リポーター界にもたらした。関根ママは新しい食の地平を開拓したことで『ムーブ!』の終了を受けて『お好み焼き・ムーブ!』を十三で始めるとの噂がある。「なんで新地でなくて十三なんですか。しかも、クラブとかでなくてお好み焼きなんですか」。あっ、関根ママ。いや、クラブならあまりにリアリティがありすぎると思って。「なんで山崎寛代さんをチーママにして、佐々木博之さんが黒服やることまでバレてるんですか」。似合いすぎていてシャレにならんからやめなさいってば。

　まあこういう感じでワイワイやりながら店を巡ってきたのである。私としてはロケハンも含めれば毎週、スタッフやアナウンサー達と朝日放送のカネで愉しく呑むという贅沢な体験をさせてもらった。いや、それだけではない。何よりも、それぞれの店のご主人たちと仲良くなれたのが最大の収穫だったと言っていい。店名を出さずにモザイクをかけて紹介するという、始めた当初は頭がおかしいのではないかと誰もが首を捻った企画に、嬉々として乗ってくださったご主人たちに心からありがとうと申し上げたい。最近では「やっと来たかあ!」とまで笑って言ってくださる方も増えていたのである。そういう方々と笑いあう時、この企画はなんといっても大阪だから実現したんだなあと思ったものだ。東京なら広報担当だとかプレスだとか称する連中が出てきて「いちど持ち帰って検討します」などと言い、結果はたいがいバツになっただろう。「ええんちゃう」という大阪のぬるい温かさに支えられた企画だったと言える。

　番組は終わり、本もこれで打ち止めだが、私はこの企画でできた人のつながりをなくしたくはない。『知らたま会』とでも言うものを作って、お互いの交流を続けていく、なんかどうですか。それぞれの店が超一流なのはもちろんだが、何よりも「私のシャレがわかってくれた人たち」なのだ。そういう意味では食を超えて価値観を共有できていると感じるからだ。いや「知らたま!」自身をどこかで復活させてやろうかな。どこでだって?

　それこそ「知られてたまるか!」じゃっ!

勝谷誠彦の まだまだ知られてたまるか!

目次

禁断の店舗情報と、裏話満載のアナウンサー座談会は〈袋とじ〉をチェック！

《ご注意》
本書に記載している内容は、本文は放送時のもの、料理写真は書籍化にあたり改めて撮影したものです。料金は2008年12月現在の税込み価格です。メニューは、日替わりや月替わりの季節料理が多いため、常時お店にあるとは限りません。ドリンクメニューは、生ビールは中ジョッキまたはグラス、焼酎は1グラス、日本酒は1合または1杯を基準に価格を記載していますが、お店によって分量などは異なります。あらかじめご了承ください。

『知られてたまるか！』勝谷誠彦と共にリポートするアナウンサー達

情報番組という性格上、
普段はかたいコメントが多いアナウンサー達も、
このコーナーでは素の表情とストレートな言葉で
おいしい料理と酒の魅力を伝えています。

堀江政生

HORIE Masao

1963年、東京都生まれ。

その取材回数の多さから「もつアナ」と呼ばれているが、もつの本当のおいしさを知ったのは「知らたま!」初登場の時。大好きな焼き鳥リポートになると極端に口数が減って、その味と焼き加減をじっくり確かめる。お酒はビールにはじまり、日本酒、焼酎、洋酒となんでもこい。181cmの大きな体だけあって、飲む量も半端ではないが、乱れることなく延々と飲み続ける。

関根友実

SEKINE Tomomi

1972年、兵庫県生まれ。

左利きのため、いつも勝谷さんの左側でスタンバイ。お酒を飲むとコメントが加速し、現場は笑いの渦だが、放送できないこともあるのが残念。最近、カメラの前で繰り広げられる勝谷さんとの寸劇「なにわの下町夫婦」が酔いの証。「料理は安く、早く、おいしく作る」が身上で、取材中に料理人からちゃっかり料理のコツを聞き出している、しっかりものの働くママ。

上田剛彦
UEDA Takehiko

1974 年、東京都生まれ。
食べること、飲むことが大好きで、「知らたま!」取材店はほとんど制覇している。幼い頃から料理が得意で、今やパン焼き器でパンを焼き、梅酒を漬けるまでに。堪能な語学力を生かし、海外に行く度に現地の味を覚えて自宅に友人達を招いて腕をふるう。そのおいしさに仲間から賞賛の声が上がっている。連日、晩ご飯と共にボトルを1本あけるほどのワイン好き。

加藤明子
KATO Akiko

1976 年、神奈川県生まれ。
「知らたま!」開始の頃は、ほとんどお酒が飲めなかったが、この4年で著しい成長を遂げ、シャンパン、ワイン、日本酒と、その味を瞬時に理解!?し、勝谷さん仕込みのうんちくが自然に口から出るほどに。時には勝谷さんより先にコメントをし、お株を奪ってしまうこともあるが、おいしそうにお酒を飲み、気持ちよさそうに酔う姿に、勝谷さんからも自然に笑みがこぼれる。

乾麻梨子
INUI Mariko

1983 年、兵庫県生まれ。
本人は飲めないと思っていたのに、「知らたま!」でお酒のおいしさを知ってしまった。予想できない切り口のコメントに、さすがの勝谷さんもたじたじ…。勝谷さんに開発されつつある期待の「知らたま!」ルーキー。

data file 01

大阪市中央区

居酒屋

幾多の食通を唸らせた伝説の味にこめられた喜びも悲しみも、人の情の厚さに包まれていく

うまい野菜の山椒あんかけ

「知られてたまるか！」に登場する店は、単に料理がおいしいだけでも、めずらしい酒があるだけでもダメ。勝谷さん自身が街を歩いて探し、実際に食べて評価し、さらにスタッフがロケハンするという、いくつもの段階を経て選別されていく。そのフィルターの基本は、人間としての勝谷誠彦そのものかもしれない。作り手の感性が現れる空間で、料理と酒を通して出会う料理人達。彼らの物語もまた、勝谷さんの酒を飲む手を進めさせる。あらゆるジャンルの料理人が手本にする味、「伝説の居酒屋」として名高い店が、2008年6月に、23年間営業していた大阪の島之内から、静かな住宅街に移転。以前の店に幾度も通っていた勝谷さんが、数年ぶりに訪れた。

本日の担当
堀江政生アナ

2008・10・28 放送

勝 この店は僕の食の原点といえます。食べ物の取材をはじめた頃に出会い、強烈なインパクトを受けたんです。

堀 今日は「勝谷誠彦の母胎回帰」ということで。

勝 坪庭を通って入口を入る、再会への期待が高まります。

店 ようこそ。ご主人、ご無沙汰しています。

ある日の夕刻、集合場所からカメラがスタート

生ビール……700円
東一……600円
飛露喜…650円
松の司……1200円
墨廼江…500円
奥播磨…650円
柿とかわいい野菜のサラダ……1080円
柿とカブラとぶどうのサラダ……1000円
カニ味噌のコロッケ……450円
ハモと松茸のココットスープ仕立て……3000円
エビとタイのソーセージ…600円
うまい野菜の山椒あんかけ……1380円

勝間《こつま》なんきん冷製スープ

勝 大阪の伝統野菜、勝間なんきんですね。真ん中の黒いのは何ですか?

店 丹波の黒豆をつぶしたものです。

勝 なんきんの甘さが上品な温かいスープ。体のほてりを冷ましてくれるようだね。

店 夏はトマトのスープをお出ししていました。フランスに行って勉強してきたんです。

勝 ○△○△時代はなかったメニューですね。

店 前の店にはオーブンがなくて、作りたい料理が作れなかった。ふつふつとストレスがたまっていたのを、ここで実現させました。

勝 なぜフランスに?

店 日本にいるフランス人シェフと友達になりまして、1週間、みっちり彼に案内してもらったんです。フランスでこれはうまい、と思った味はたいてい日本の料理と共通してるものがあって、今まで自分がやってきたことに間違いはなかったと確信しました。で、フランス料理の手法や素材を取り入れたら、もっとおいしくなるんじゃないかと。

勝 なるほど。フランスの田舎に行くと野菜がおいしくてね。ソースがどうのこうのではなく、素朴でシンプルなんだよね。

主人と久しぶりの対面

柿とカブラとぶどうのサラダに東一《あずまいち》

勝 柿とカブラを一緒にいただく方がいいですね。

堀 カブラがやわらかい。感触が柿に似てるかも。

店 はい。柿を食べた時の食感で、カブラと合わせることを思いつきました。

勝 柿が果物っぽくないですね。柿なますとも違うし、ぶどうが色気を添えている。

店 柿を熟成させていないんです。そうすると違う料理になってしまうんで。

堀 お酒を飲みながら、どんどんいけますね。

勝 いい雰囲気の居酒屋だよね。○△○△にいた頃も居心地よくてさ…。

堀 勝谷さん、さっきから店の名前連呼してますよ。いいんですか?

勝 わ…(笑)。

カニ味噌のコロッケと飛露喜《ひろき》

堀 具が濃厚そのもの。飲みこんだあとにも、カニの風味が広がってきますね。

勝 これはうまいな。衣のコクが違う。このパン粉には何かある。

店 天ぷらとかフライは、衣が命やと思うんです。これは1日千人も人が来るパン屋から、そのパン粉をわけてもらってるんです。本当はパン粉は売ってないんですけど。

堀 どうやってカニ味噌とホワイトソースがこの形になるんだろう。こわれそうなくらいデリケート。

勝 パン粉の油の吸い具合とカリカリ度がポイントだね。和風だけではできない味。フランスの田舎の味というか、料理として洗練度が高いね。

店 これは残り物利用なんですよ。甘エビが余った時に、味噌を取り出して作ってみたら、おいしくて。カニでもいけるかなとやってみたんです。

勝 ものすごく上等な味だよね。この官能に応えるのがこの会津の酒。しっかりした味で揚げ物に合う。半端なワインよりいいよ。

柿とかわいい野菜のサラダ。
柿、洋梨、ニンジン、ラディッシュの彩りが鮮やか

ハモと松茸のココットスープ仕立てと松の司

勝 ぬる燗でいきましょう。日本酒の品揃えが僕の好みとぴったりだ。料理が出るのを緊張しながら待つ。

店 そんな…。居酒屋ですから、気ィ抜くとこですから。

勝 新地と違って、身銭の人が来る店。サブプライムローンは関係ない。

堀 燗がおいしいですね。

勝 このくらいのぬる燗が、今の季節にふさわしい。紅葉の季節にハモと松茸。いいねぇ。

店 丹波の松茸です。今日は予算いくら使ってもいいって聞いたんで（笑）。

勝 おお、贅沢な料理が来ました。器が洋風のル・クルーゼですよ。フランス帰りの影響でしょうか。

店 いえ、たまたまですよ。

堀 松茸が、噛む瞬間にコリッとしながらも、やわらかい。

勝 和風ダシが控えめなのにコクがある。上品だね。もう、これで満足。

店 2杯、3杯と飲んでください。野菜もたくさん入ってますから。

堀 ニンジンもおいしいですよ。

勝 ハモと松茸のエキスを吸ったニンジン。贅沢なニンジンです。

堀 冷めても味がダレない日本酒ですね。この汁を残して雑炊にしたい。もうシメの気分です。

勝 でも、大変でしたね。JR福知山線の事故で奥様を亡くされて。僕も気になりながら、どういう立場で話をしていいかわからなくて。店の客としてか、伝える立場としてか、かける言葉が見つからないうちに月日がたちました。こういう立派な店に移られると聞いて、頑張っておられることが嬉しくて、ようやくうかがうことができました。

店 私も久しぶりにお目にかかれて嬉しいです。子どもが中学3年の時に事故がおこって、受験を控えた時期に、夜、子どもひとりを置いて店に出るのがつらくて。帰ってくる時間には子どもは寝てるし。店を辞めようかとも思いました。でも、近所の5人のお母さんが日替わりで子どものお弁当を作ってくれたんです。皆さんのおかげで、僕も頑張らなアカンと思いました。今年になって、ある人が「もっと大きな店でやりなさい」「銀行に行け」って言うてくれたんですよ。背中を押されて、銀行に「お金貸してくれる?」って聞いたら「貸す」って。23年間、日本酒にお世話

になったので、次の世代にご恩贈りをしようと、こういう店にしました。

勝 そんな義理がたく考えてくれなくてもいいんだよね。涙が出そうだ。その銀行も偉い! ほめてやる!

堀 どうしようもない出来事にあった時に、それに負けてしまう人を取材で多く見てきて、立ち向かう人のエネルギーは周りの人が支えてるって気がしますね。自分はなかなかそうなれないかもしれないですけど。

店 人間はひとりで生きていけないというのを実感しました。あの経験をして、まだまだ周りや次の世代に伝えないといけないことがあると思うようになりました。

勝 ここからいい料理人と、いい飲み手も育っていくでしょうね。あの時に、そこで心が砕けなかったということに敬意を表しますね。

店 今でももがいてるんですよ。でも、支えてくれた人達のために頑張ろうと思います。

勝 独立して何年ですか?

店 27歳で独立しましたから23年です。お客さんに鍛えられました。これまずい、ってはっきり言われますしね。

勝 そうそうたる客が、主人に意見する。そんな雰囲気がある店でしたし、今もそうですね。

店 自分の意見ばかりでもダメだし、お客さんの意見を聞くだけでもいけないですしね。

堀 カウンターだと、お客さんが味に満足したかどうか確実にわかりますよね。

勝 東京だと「まずい」と言えないけど大阪だと言える。それが大阪文化なんだよね。

店 僕は人が好きだから、好きな人に来てほしい。そして普通にお話したいんですよね。お客さんの話を聞きながら、この人にはどんな料理がいいだろう、と考えたりします。

勝 だから店が広くなっても、こんなに長いカウンターになったんだ。

エビとタイのソーセージと墨廼江《すみのえ》

堀 エビとタイがソーセージになるんですか？

店 造り用のエビとタイをつぶして作っています。

勝 エビとタイがみっちりつまった贅沢さ。普通、ソーセージにするならアジやサバでしょ。まるで竜宮城状態ですね。

店 堀江さんは気ィつこてはりませんな。勝谷さんについだりしないし。楽しい仕事ですね。

堀 そんなことないですよ。

店 このソーセージ、日本酒に合うでしょう。

堀 おつぎしましょか。

勝 遅いよ！　奇をてらってない日本酒リストですよね。ホームランを打つやつには勝てないんだよ。巨人に負けるんですよ。だから阪神はいろいろやってみても、やっぱり強いもんが勝つ。そんな日本酒ですね。このうまいソーセージ、スタッフに残してあげようよ。

堀 こんなひと口だけ残しても、困るでしょ！（笑）

エビとタイのソーセージ

うまい野菜の山椒あんかけと奥播磨

堀 シイタケ、レンコン、サトイモ、ジャガイモ、カボチャ、カブラ、ごろごろと大きめの野菜です。山椒がたっぷりかかってますね。

店 肉を入れないのがいいんです。

勝 中華でも和風でもない。野菜の味を引き出す料理と味付けだね。

堀 日本酒と溶けあいますね。

勝 中華風にかたよると日本酒とケンカしちゃうんだよね。だけど、日本酒用の椀物にしちゃうとインパクトが弱い。

店 山椒を作ってる人がこだわっていて、独自でブレンドしてるんです。

堀 山椒が入って中華風と言いたいような、でも違う味付けですね。

店 はい。葛でとろみをつけています。野菜は季節ごとに変わります。休みのたびに訪ねているいろんな農家の方をひとつのお皿で一緒に紹介できないかなと考えて作った料理です。

勝 野菜を取り持つ山椒ですね。いい山椒だ。一貫してこのコーナーにいえることは、野菜がおいしい店は料理全般がおいしいね。人も野菜も周りの支えがあってこそ。大将が農家の人と野菜を大切に思う気持ちは、お客さんに支えられた恩を返したいというのと同じ感謝の気持ちなんですね。誰もひとりでは生きられません。大将と一緒に飲みたい気分です。勝谷誠彦の大阪での宝物の1店、探せるもんなら探してみ。

スタジオにて

堀 いい話が聞けました。人間を見たって感じですよね。実はね、勝谷さんは取材中に感極まって涙を浮かべておられたんですよ。

関 原点を思い出されたんですね。

勝 そうね、やっぱり事故を乗り越えてこられたご主人の物語もだけど、また怒りも湧き上がってね。絶対にこの事故を風化させてはいかんと思ったね。

須田 今日は大人の「知らたま！」って感じでしたね。

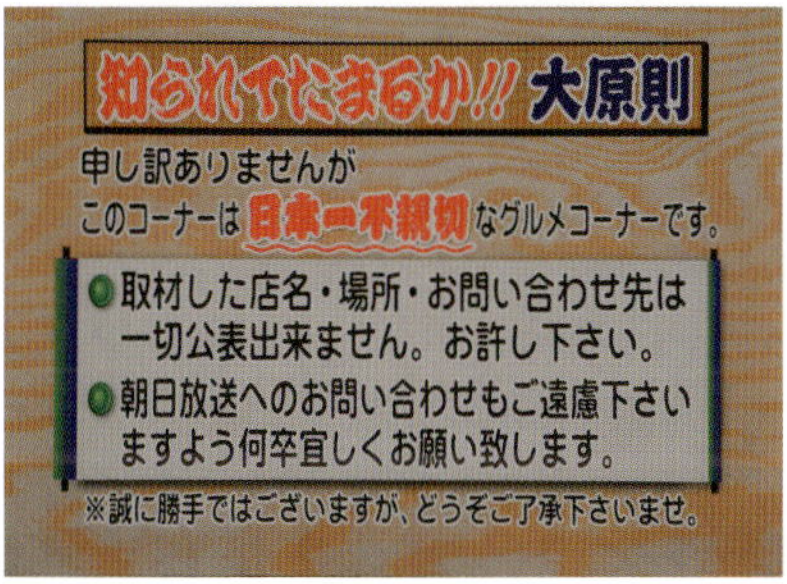

このコーナーの大原則はこれ！

data file 02

神戸市灘区

焼酎バー

桜肉をアテに好きな焼酎をセルフで飲む　酒飲みのアミューズメントパーク

馬刺し盛り合わせ

焼酎・泡盛が150種類、これが1時間1000円で飲み放題と聞けば、酒飲みの食指が動かないはずがない。熊本直送の馬肉と共に、いろんな焼酎を飲み比べる通のための店。

2007・4・10 放送

本日の担当　加藤明子アナ

勝 暮れなずむ春の宵、満開の桜の下を加藤ちゃんとふたりで歩く。いいねー。

加 夜桜を愛でながら、今日はガブガブ飲めるという話を聞きました。

勝 何でそんな、ムードを壊すことを言うかな。

加 花より団子ですから。

男子？

馬刺し盛り合わせと米焼酎武者返し

勝 モモ肉にはタテガミを乗せて、2種類いっしょにね。

加 んんん。おいし〜。あとからまろやかに脂が溶けてくる。気持ちのいい導入です。

勝 香りがいいよね。バラヒモ（カルビ）は柚子胡椒で、レバーはゴマ油でね。

加 おいしいです。

勝 次はいつもあるとは限らない特別メニュー。

加 霜降りですね。なんだろう。とろんとしてる。

勝 ほどよい歯ざわりでしょ。これはウマタン（舌）。

加 衝撃の味ですね。

勝 次はこちら。

加 意外とやわらかい。筋肉質の感じ。すごく使ってる部分だと思うんです。

勝 ハイッ、これは心臓です。

缶ビール……200円
焼酎・泡盛1時間飲み放題……1000円
梅干・レモン・ソーダ……100円
馬刺し盛り合わせ(5種)……1200円
馬スジのピリ辛煮込み……650円
イワシ明太子……750円

右）馬スジのピリ辛煮込み。隠し味の黒糖が辛みを生かす
左）イワシ明太子。ワイン仕込みが上品な風味

次は、なかなか手に入らない珍味です。

加　ひんやり、トゥルンって入ってきましたよ。

勝　官能的でしょ、色っぽいでしょ、これはどこでしょう。

加　そのミョーな手つきは…。

勝　言ってみ。

加　言っていいの?……もしやあそこですか…?

勝　そう、睾丸。ドイツ語でHoden（ホーデン）。

加　きゃー、私今、食べちゃいましたよね。しかもおいしかったです。どうしよう。もう飲まずにはいられません!

馬スジのピリ辛煮込みと黒糖焼酎龍宮

勝　黒糖を加えてじっくり煮込んでいる。

加　ワサビをたっぷりのせてと。ほっくりしてる。これもまた脂がおいしいですね。

勝　真ん中のスジの旨さが口の中に残って、周りの脂肪から甘みと旨みが飛散していく感じね。

加　料理とお酒のバランスでいうと、ほんのちょっとお酒が勝ってますね。絶妙!

イワシ明太子

勝　料理によってお酒を変えるのがいいよね。加藤ちゃんは、長崎の麦焼酎「青一髪《せいいっぱつ》」、僕は「猿川円円《さるこうまろまろ》」。セルフで好みの量を入れるのが楽しいんだよね。

加　このイワシ明太子、ワイン風味ですよ。

勝　脂肪ののった魚の旨みが明太子にしみ込んでる。

加　しっとりしてますね。イワシ明太子の辛しょっぱさを焼酎が包んで、清流のようにしみ込んでくる。口の中がさわやかになりました。

ジャージャー麺と泡盛カリー春雨

勝　さて、シメは沖縄そばを使った麺。

加　はじめて食べる味です。肉味噌がおいしい。

勝　沖縄そばでないと、このコシともっちり感が出ないんだよな。大将、うまい!

店　ロスを出さないように考えていたら、偶然できたんです。

勝　驚きの元祖まかない飯。1時間すぎましたので追加料金を。酒飲みにとって理想の天国のこの店、探せるもんなら探してみ。

はみだし情報　1時間を超えたら30分500円で飲み続けることができる。

《佐用名物》ホルモン焼きうどん

data file 03

大阪市北区

ホルモン

故郷を愛する鉄板料理 大阪で再現された 魅惑の地麺（じーめん）

播州・佐用町に伝わるホルモン焼きうどんは、数種類のホルモンとキャベツが入った、めずらしいつけ麺タイプ。醤油ベースに柚子のきいたタレが絶妙の味。佐用町出身の女将が作る各地の郷土料理と共に酒が進む。

2007・4・17 放送

本日の担当 上田剛彦アナ

おつまみ4種

上 まずはかけつけ1杯のビールから。チーズのニンニク醤油漬けをいただきます。ニンニクの風味がチーズに残ってますね。ビールが進む。

勝 くらかけ豆は長野県ではメジャーだけど、大阪ではめずらしいね。

上 すごい歯ごたえがある。コーンみたいに甘い！

勝 噛むとカプッて折れる感じね。硬質だ。

上 ビールがなんぼでもいけますね。

勝 お前その表現しかないんか！

きき酒セット

勝 大信州《だいしんしゅう》の辛口、甘口、にごりを少しずつ味わえる。この酒は長野県原産地呼称管理委員会の認定がついてるんだ。僕はその委員でした。仕込んだ人の名前が書いてあります。

店 私が日本酒に一番合うと思って作ったねぎ梅です。

勝 この料理にはどっしりしてるのが合うよ。仕込23号ね。豪快な酒だ。

上 本当に。何て言ったらいいんだろう。

勝 それを言えるようになったら、俺の仕事がなくなるから言わんでくれ。

生ビール……500円
ルリカケス……900円
きき酒セット……1000円
おつまみ各種……300円
マル腸……800円
豚キムチーズ……800円
《佐用名物》ホルモン焼きうどん……1000円

右）おつまみ４種。クリームチーズのにんにく醤油漬け、ねぎ梅、山形の郷土料理 だし、くらかけ豆
左）マル腸。ふわふわジューシィ

マル腸と豚キムチーズに日本のラム酒ルリカケス

上 網で焼くことが多いホルモンのマル腸を塩胡椒と黒七味のみで鉄板で焼いてる。中からじゅわーってすごいスープが出ますね。

勝 ソーセージみたい。鉄板で焼くから表面がコーティングされて、旨みがとじ込められてるんだ。

上 豚とキムチとチーズ全部まとめて食べよ。

勝 イタリアのチーズと、韓国のキムチと、日本のラムの出合いの上を、アジアのモンスーンの風が駆け抜けていく！　なんか、酔っ払いがたわごとを言ってるみたいだな。

上 ホントだよ。

勝 ホントだよじゃねーだろ※(怒)。

上 酔っ払ってすみません。

《佐用名物》ホルモン焼きうどん

店 これは兵庫県の佐用町だけの郷土料理で、佐用町には10軒くらい専門店があります。

勝 『イケ麺！』という本を書いてる僕も知らなかった。

店 特製の醤油ダレに、好みでニンニク、一味、ユズと特製みそを溶き入れて、うどんをつけて食べてください。

上 もっとジャンキーだと思ったんですが、薬味が入って上品な味です。

勝 乾麺みたいなコシだね。表面がケバ立っているからタレがよくからむ。

店 この麺を作るところは佐用にも1軒しかないので、大阪の製麺所に頼んでうちだけのために製麺してもらってるんです。

勝 焼きうどんは北九州が発祥の地で、戦後すぐお米がない時に、さまざまな工夫をして生まれた。おいしく食べるための先人の努力だね。地元の麺ってのは物語があるんだよ。ぜひ、これを食いにこい！　でも、探せるもんなら探してみ！

スタジオにて

堀 これはすごい。今すぐ行きたい。

須田 しかし、最近リポーターの質が落ちてきたね。コメントしないでただ食べてるだけですからね。その立場にあぐらをかいてるね。

関 須田さんが行きたいんでしょ。

堀 叱られたところで、皆さんぜひ探してみてください。

はみだし情報 「地麺」とは、勝谷さんが命名した地方に伝わる地元の麺。この店のテーブルは佐用高校の体育館の床板。白線がどこかなつかしい。

純豆腐火鍋

data file 04

大阪市北区

韓国料理

辛みたっぷり火鍋と いろんな味のマッコリで アジアンチックに酔いたい

2007・5・1 放送

コリアタウンの片隅で 気楽に酒を飲むような、 軽く飲んだ帰り道に そっと立ち寄りたいような、 体にしみ入る計算されつくしたひとり鍋。

本日の担当 関根友実アナ

真イカの一夜干しとおこげマッコリ

勝 このマッコリはうまい。酸っぱさの上に、おこげの苦味がある。

関 飲みやすくて、おいしいです。鼻からぬける香りが香ばしいですね。え、イカにフランベですか？

店 スピリタス（96度のポーランドのウオッカ）でフランベしてます。

勝 スーフリのやつらが悪いことに使ったやつですね。

関 ダメですよ。そんなこと言っちゃ。

勝 スピリタスは辛みがあるね。맛있어요!（マシッソヨ〈訳〉おいしいです）

石釜とんたん

関 豚のタンを熱した石釜で焼いてるんですね。

勝 網で焼いたのと違うね。遠赤外線で焼いてるから中からやわらかくなってる。食感がたまんないね。

純豆腐火鍋

勝 チゲ鍋に、四国・松山特産の松山あげをトッピング。

関 これあげですか？　口の中で溶けきりました。

勝 スゥーっとなくなっちゃうね。だけどあげ独特の風味が残る。これが特長。お、辛い。

ビール……450円
マッコリ……450円
酎ハイ……350円
石釜とんたん……580円
純豆腐火鍋……780円
豆乳鍋……780円
石釜ご飯……380円
キムチ盛り合わせ……580円

右）豆乳鍋。
辛さついでにキムチ盛り合わせも
左）カボチャ、黒豆、二東のマッコリ

これは日本の松山と韓国の意外な出合いですね。これは竹島問題でいがみあってる場合じゃない（笑）。

関 石釜ご飯の端っこが立ってます。

勝 端におこげができてるね。このおこげを鍋に入れよう。パリパリとトロトロが熱さと重なりあう食感。その旨みがたまらないね。

関 これはおこげじゃないと出せない味ですね。

豆乳鍋

関 上品で女性好みですね。

勝 豆乳と思えないくらいの濃厚さが、豚と合っている。具を食べたらラーメンをトッピングしてもらいましょう。

関 合いますね。これぞという感じですね。純豆腐火鍋が父なら、豆乳鍋は母。

勝 なるほど、父は厳しく母はやさしく。

関 ご飯を入れてチーズをトッピングするんですね。リゾットみたい。

勝 うまい。またいつものせりふが出てきた。日本と韓国とイタリアの上を、アジアのモンスーンの風が…。もう飽きた？

関 いいえ（笑）。

ダイキリとオリジナルカクテル、ガーターベルト

勝 鍋のあとのダイキリが、上手なシメだ。

関 ガーターベルト飲みます？　すごくフルーティーですよ。実況します。勝谷さんが今、ガーターベルトに口をつけました！

勝 これは女殺しの味ですね。このフュージョン（融合）が素晴らしい。松山と韓国とイタリアの偉大な出合い、そして火鍋の融合。これが正しいのかは、よくわからないけど、この不思議な空間を体験したい人、探せるもんなら探してみ。

はみだし情報　現在は、放送時とは違う場所に移転。

にぎり（コハダ、トロ、スズキの昆布じめ）

data file 05

大阪市東淀川区

寿司

赤酢のシャリで 寿司界の新星が魅せる 芸術的な江戸前寿司

白木のカウンターで、板さんの手元を同じ高さの目線で見ながら、繊細なにぎりを待つひととき。期待にたがわない味を引き立てるのは、江戸時代ににぎり寿司の酢飯に使われていた香ばしい赤酢。

2007・5・15放送

本日の担当
堀江政生アナ

スタジオにて

堀 僕はいつもはもつ専門なんですが、今回は寿司をいただきました。

関 もつのお寿司？

堀 まさか！

おまかせ造り

堀 カウンターにネタがない。値段がない。緊張しますね。

勝 でも、板さんが若いから、ちょっと安心でしょ。

堀 ハンカチ王子に似てますね。しかし、僕は「知らたま！」では本当に寿司屋に連れて行ってもらえなくて。こんないい日が来るとは（喜）。

勝 いつもなら加藤ちゃんとかがね…。

店 僕も加藤さんが来られるのを楽しみにしてたんです。

堀 悪かったな！※（怒）

甘手かれいと群馬泉《ぐんまいずみ》 初《はつ》しぼり

勝 白身には白い酒ってね。まずはにごり酒でいきましょう。

堀 かれいの白身でもつを巻いてる…。

勝 もつじゃないでしょ。

堀 肝はもつでしょ。

勝 あ、そうか。新鮮でねっとりしてるね。

堀 もつのやわらかさのあとに、にごり酒のしっかりした味が合う。

生ビール……………500円
日本酒……………600円～
群馬泉 初しぼり……………700円
群馬泉 淡緑……………800円
にぎり3種……………1300円
造り……1200円
鮎の一夜干し……………500円
※料金は取材時の時価

右）造り（スズキ、アオリイカ、カマス）
左）鮎の一夜干し

トリ貝

堀 歯ごたえがあるかと思いきや、かなりやわらかいです。

勝 フルーティーですよね。貝の新鮮なものは、フルーツっぽい味がするんですよ。

ホワイトアスパラ

店 うちはツマをおかないので、合間にちょっとした野菜をどうぞ。

勝 ほっとするね。こういうのは女性のハートをキュッとつかみますね。

堀 加藤、どうだ！

勝 ハンカチ王子は加藤を期待していたのに、来たのが「もつアナ」だとは…。

店 このコーナーを見た時はいつも加藤さんだったので、常に加藤さんが担当だと思ってたんです。

堀 いつも加藤じゃないんですよ。すみませんね。（すねる）

あら(クエ)と金目の炙りに群《ぐん》馬《ま》泉《いずみ》 淡《うす》緑《みどり》

勝 西洋ワサビをつけるんですね。旨みを包みこんでいる脂も素晴らしいけど、表面と中の温度差も演出されてる。さらに、華やかな酒の味。

堀 バラエティに富んだ味ですね。

勝 同じ蔵でも、これだけ違うんだよね。

茄子のからし漬、ズッキーニを軽く炙ったもの

勝 日本代表のナスとイタリア代表のズッキーニです。いつものモンスーンの風は…もういいか。3週連続だからね。

にぎり

堀 シャリに色がついてる。

勝 赤酢なんですよ。熟成された酒かすから作った酢です。

店 赤酢と米酢を合わせていますが、砂糖は入れてないんです。

勝 発酵からくる甘みだから、酢飯が上品な味ですね。

堀 寿司というより新しいものを食べた感じですね。

勝 マグロの存在感はもちろんあるんだけど、それ以上に魚と酢飯が一緒になって、寿司の原点を見せてくれてるって感じだね。

堀 トロは爆発ですわ。アナゴは塩と煮詰めの2種類、それぞれが個性を出してる。

勝 赤酢のシャリは魚を立てるね。砂糖の甘みのように媚びない。参りました。見逃し三振です。寿司界に彗星のごとく登場した、寿司界のハンカチ王子がにぎる店。探せるもんなら探してみ。

はみだし情報 しっぽり飲める静かなカウンター7席だけのおしゃれな店。

data file 06

大阪市北区 焼き肉

食感、味、香り、すべてを堪能できる極上のカウンター焼き肉

2007・5・29 放送

美と味を追求しつつ、焼き肉道を突き進む元カメラマンの店主。肉の旨みを知りつくした人物ならではのおまかせコースも愉しい。体や服に匂いがつかない心配りはさすが北新地。

本日の担当 加藤明子アナ

特製ユッケとフレシネ・コルドン・ネグロ

勝 乾杯。新地の夜のスタートにはスパークリングワインがふさわしい。しかし君は新地に入ったとたん、夜の蝶のように、生き生きしてきたね（笑）。

加 いただきます。黒毛和牛のユッケですね。甘い。ドライなスパークリングワインがすっと流してくれます。

勝 肉が薫るね。歯ざわりがいいのは、計算された絶妙の厚さだから。

生レバー

加 韓国産のゴマ油との相性がばっちり。レバーが溶けます。レベルが高い。

勝 肉が存在するのではなく、ただ空間に味覚だけが存在しているかのような。ふっと消えてしまうけど、あとに極上のおいしさだけが残る。さ、定番のあれ、いこう。スペインと韓国と日本、この3つの大きな出合いの上を通り過ぎ

焼き肉（三角バラ）

右）生レバー。とろけるような旨み

左）チャンジャ茶漬け。焼き肉のあとにさっぱりとシメる

生ビール……600円
焼酎…500円～
小鹿本にごり……700円
月の中……1800円
特製ユッケ……2400円
生レバー……1500円
ハチグリタレ……800円
チャンジャ茶漬……800円

るモンスーンの風！

焼き物マル腸塩焼きと小鹿本にごり

加 生まれてはじめての食感。消えてサクッとなくなる。ふ菓子みたい。

勝 クリームのないシューみたい。中には旨みという名のクリームが入ってます。これは焼酎に合うね。あなたいい顔するね。

加 旨みがぎゅーっと凝縮されてますね。牛って偉大ですね。

店 お話に夢中になられて肉がこげるのが悲しいので、こちらで焼いてます。

勝 焼いてもらうことまで含めた旨みだ。いきなり4番バッターが出ててホームランを打ったみたいな。しゃべってたらさめるから、もったいない。はよ食べよ。

ハチグリ

勝 2番めと3番めの胃の間にあるハチグリをタレ焼きで。

加 うわぁ、跳ね返る弾力。

勝 表面は堅牢、中はコシのあるぐにゅ。

加 ざらっ、ぐにゅ。愉しい。

勝 そう、何もこれで栄養とろうっていうんじゃない。ホルモンって愉しい食べ物なんだよね。

愉悦！焼肉ワンダーランド

月の中（焼酎）

勝 こんなに力強い料理だと、これくらいの焼酎を飲まないと収まらないよ。新地バブルに向かってます。

加 こんなに主張せずに感動させる焼酎があるんだ。

勝 飲んだとたん、細胞壁を通して血管に入っていく、みたいな。

加 焼酎が一瞬で体と一体になりました。

チャンジャ茶漬

加 何十種類ものエッセンスが感じられる味ですね。1週間も煮込んで作るんですって。マスター、大葉がアクセントになってますね。チャンジャ再発見。

勝 君がしゃべって僕が解説するはずなのに、君がひとりで番組進めてるよ。とってもプライベートなひとときが味わえる店、探せるもんなら探してみ。

はみだし情報 その日のおすすめ5種類ホルモンセット1人前2980円は、手軽にホルモンが堪能できる。

とろの高菜巻

data file
07

大阪市西淀川区

割烹

なにわの台所で仕入れる
天然魚　鮮度を生かす職人技
その芸を味わう贅

中央市場出身の店主は、その目利きも腕のひとつ。新鮮な魚を巧みに扱い、ごまかしのない味を表現していく。洒落と粋がわかる酔客が、ひとときくつろぐ場。

2007・7・10 放送

本日の担当
加藤明子アナ

穴子と湯葉の煮物

勝 ほんのり甘くて、でもアナゴの魚としての個性もしっかり出てる。いきなり上品なジャブをかまされたという感じですね。

加 まるで茶碗蒸しを食べてるみたい。

塩ハモ

勝 湯びきしたハモを塩で、ってめずらしいですね。僕はあんまり梅肉は好きじゃないんですよ。せっかくのハモの味が負けてしまうから。あれはまだ流通が発達していなかった頃に、あたると怖いから酸味を加えたんだ。

加 おいしい。

勝 これまた、なんと繊細な。こんなハモはじめて！

刺身盛り合わせと純米大吟醸獺祭《だっさい》

加 いい香りのお酒。

勝 芸術でしょ？

加 鼻にぬけますね。可憐な感じ！

勝 可憐な米のエッセンス！

加 これ、ジュースみたいに飲んじゃいそうですねぇ。

勝 由良のウニ、淡路のウニですね。贅沢中の贅沢ですよ。見て、この立ち方！　身が新鮮だからね。

加 ウニをそのままパカッと

生ビール……450円
純米大吟醸獺祭……900円
穴子と湯葉の煮物……480円
塩ハモ……1200円
とろの高菜巻……1000円
マグロのカマ……1200円〜

右）穴子と湯葉の煮物
左）塩ハモ。湯引きした温かいハモを天然塩で

開いて食べてるような感覚。

勝 そう。フルーツみたいな味がします。

加 トリ貝です。なんていう食感だろう、コレ。

勝 シャキッ、シャキッ。最初はやわらかく最後に切れる感覚。貝独特だよね。

加 生本マグロのトロ。脂がのってます。脂が味蕾《みらい》にジュワーッとしみ込んでいくような感覚ですね。

勝 理屈言うようになってきたなぁ。粒子対粒子、脂肪とたんぱく質が混ざり合って、最も贅沢なトロです。これはホントに「知られてたまるか！」やね。

加 …（酔）ハイ？

勝 仕事せぇ！　このあとの焼き物もマグロでいきましょう。

加 マグロ攻めですね。

勝 加藤明子のマグロ攻め。グッときますねぇ〜！

マグロのカマ焼き

加 わー！

勝 カマに興奮する女。そこ一番うまいとこだよ。

加 脂がのって、たまりません。生でよし、焼いてよし。

勝 あんたマグロに酔ってるよ！

加 堪能しました。

勝 ロケまだ終わってないよ。

加 …まだあるんですか？

勝 仕事しろよー！

店 ちょっと顔が赤いですよ。

加 もう私、飲みすぎです。思考停止状態。反省します。

とろの高菜巻

加 高菜のシャリシャリっていう食感と、とろ〜んとしたトロがたまらない。

勝 なるほど、ここまでのトロになると、米と融合する。そして高菜が緊張感をグッと高めている。このおいしさを伝えられないのが、未熟だなと思います。

加 勝谷さんでも？

勝 この魚介類の天国。探せるもんなら探してみ！

スタジオにて

山本譲司 私、刑務所から出て一番最初に食べたのがこの、勝浦の本マグロ。生ものは口に入れることができなかったんです。すいません、刑務所の話で。

勝 今の表現は僕には絶対できない（尊敬）。

堀 僕ももう40半ば。ホルモンもいいですけど、たまにはこういう大人の店も行きたいですわ。

はみだし情報　慶弔の会席料理や、10名以上で昼の宴会が予約できる。

リボン、アカセン

data file 08

もつ焼き

大阪市中央区

ゴージャス炭火もつ焼き もつマニア伝説の味

寿司屋感覚でカウンターに座れば、間近に見えるプロの技もまた趣。もつを知りつくした店主ならではの部位に合わせたタレが、肉をさらに上品な味に仕立てあげる。

2007・7・31 放送

本日の担当
上田剛彦アナ

スタジオにて

堀 私、初代「もつアナ」に加えて、二代目「もつアナ」が誕生するという、襲名披露でございます。

上 堀江さんから、もつアナウンサー名跡を譲っていただきました。

刺身盛合わせと純米吟醸白《はく》岳《がく》仙《せん》

上 美しい。

勝 おいしいものは美しいね。

上 このハラミの歯ごたえ、上品で脂独特の香りがない。

勝 上質なバターのように脂身と赤身の境界がわからない。

店 処女牛のハラミの特長です。

上 タン刺しは、ぬるぬるっとした感覚が楽しめますよね。

勝 色っぽいねぇ。なんか牛とキスしちゃった感じだね。

上 トロ馬刺しが結構濃厚な感じ…。

店 で、あっさりしてるでしょ?

勝 噛むとそこから脂が出てくる感触がありますね。

上 レバーは、トロ~トロ~。シャキシャキ、この生もの四連発、たまらないですねぇ。

勝 エッジが立ってる。

上 日本酒がこれだけ合う生のホルモンははじめてだ。

生ビール……530円
酎ハイ…420円
純米吟醸白岳仙……730円
旬の野菜料理……420円～
刺身盛合わせ……3150円～
カウンターおまかせコース……3150円～

右）刺身（ハラミ、タン、ハネシタ）
左）旬の野菜料理（水ナス、アンデス芋、毛馬キュウリ、八尾の地トマトと豆腐、八尾の枝豆）。全て無農薬、大阪の地野菜

大阪地野菜旬のナムル

上 泉州水ナス。これこそ、フルーツのような瑞々しさ。

勝 毛馬キュウリ、キュウリって瓜だってことがよくわかる旨さです。

上 平野の北あかり（じゃが芋）が口の中でペーストみたいにトロンとなる。

勝 羽曳野の露地トマトか。僕が昔、兵庫県西宮市の上甲子園小学校に通ってた頃、通学の途中にトマトがなってて、こっそりこうして食べた。

上 甘酸っぱい初恋の頃ですね？

勝 いやいや、初恋なんてありませんから、僕は。ずっと小池徹平ちゃんひとすじですから。

上 …おっと、リアクションに困ります。

窃盗

おまかせもつ焼きとラングロール・ロゼ

勝 タンって、ある程度歯ざわりを感じるものだけど、これは歯ざわりとは無縁だ。

上 やっと僕も、牛とキスができた気がします。

勝 ロゼワインとのグッドマリアージュ！

上 えっ、マリアージュ？

勝 このふたつの、素晴らしい結婚です。次はタンスジ、ベロの下側の、喉につながる部分ね。

上 一生口に入れておきたいタンスジです。

勝 大ざっぱに噛んでそのまま飲み込みます。そうすると、スジと脂肪の部分が喉をするりと下りていく感覚がある。

上 すごい野生的ですね。

勝 グレンスは、肝臓の横のリンパ腺ね。

上 脂ののった焼き魚みたいなやわらかさと、脂の上品さです。

勝 リボン（マル腸）が口の中でシュンッて消えてなくなりました。モノがいいんだろうなぁ。快感って感じだね。ハラミのスジ。これまでの僕の人生で、かたい肉＝マズイだったの。でも違う！ かたいのにうまい肉があるということがわかった。

店 スジっていうのは、焼いたら旨みが変わるんですよ。

勝 さぁ、ゴージャスな大トロ、ハラミのトロです。

上 ボロボロって、ほどけていきます。そのあとから甘い汁が雨みたいにふってくる。

勝 ゴージャス！ もうこのひとことですね。

上 （酔&壊）あの、いつものアレとかないんですか？

勝 そろそろやりますか。上田剛彦、酔っ払っています。とりあえず、探せるもんなら探してみ！

はみだし情報 いろんな種類を食べたい人向けにハーフサイズもある。

薩摩地鶏　刺身盛り

data file
09

大阪市北区

地鶏

丁寧に大胆に 鮮度と焼きの技が光る 絶品の地鶏料理

毎日鹿児島から直送される新鮮な薩摩地鶏。刺身で味わうとさらにそのみずみずしさが光る。丁寧に1本ずつ出される焼き鳥の上品な味。

2007・8・7放送

本日の担当
堀江政生アナ

杜氏直結純米吟醸原酒 まんさくの花

勝 ふたり共、今日はヘロヘロです。僕はもう24時間以上寝てません。

堀 2007年参議院選挙で、よ〜く仕事をしたからなんです。

勝 と言いつつ、いきなり日本酒です。しっかりしてるけど甘味が舌の奥にスーッと来る。

堀 ジュース感覚で飲んでしまいます。

薩摩地鶏刺身盛り

堀 ササミのピンクのきれいなこと。このやわらかさが心地いいですね。

勝 ササミって、やわらかくても繊維を感じてしまうけど。これはそうじゃないよね。トロトロですよ。

ソリレス

勝 モモ肉の一部で、仏語で「おろかものはそれを残す」という意味です。

堀 食感がガチン・ガチンですね。

勝 鶏肉にも赤身と白身があるのがわかるね！

堀 赤いほうが味がガッチリですね。

勝 ヘモグロビンが充満してますからね。

右）旬野菜。シンプルに焼く自信の味
左）焼き鳥（かしわ、つくね、なんこつ、せぎも、せせり）

- 生ビール……６００円
- 焼酎……４００円～
- 地酒…６００円～
- 杜氏直結純米吟醸 原酒まんさくの花……８５０円
- 薩摩地鶏刺身盛り……１２００円
- 旬野菜……３００円～
- 焼き鳥……１８０円～２２０円

黄肝の造り

堀 面白い！ 表面がしっかりしてて、中からブワッと出てくる。

勝 これははじめてです。タンパク質のかすかなクセのあとに、やわらかな脂肪が味蕾《みらい》を開いていく。

店 めったになくて、５００羽に1羽、と聞いてます。

勝堀 エーッ！

勝 これが入ったら他の客には出さんと、ＡＢＣの「ムーブ！」ってところに電話くれますか？

堀 すぐに行きますっ！（笑）

ムネ肉の薄造り　肝ポン酢

堀 肝を溶いたポン酢につけていただくんですね。新しい発見ですね。

勝 この小さな肉片の中に宇宙がある。

堀 わりと淡白なんだけど、この肝、ポン酢とすごくよく合う。肝をポン酢にまぜたら家でもこれに近いものができます？

店 自家製のポン酢に選ばれし白肝で…。

堀 全然違うやん！（笑）買ってきたポン酢にその辺の肝じゃダメだ。

旬野菜

堀 コリッコリッ（マツタケの音）…。

勝 音聞いてるだけでアカンわ！

堀 （耳元で咀嚼）

勝 加藤ちゃんだとよかったのになぁ…。あっ、すいません。

堀 加藤はこういうことはしないよ！（怒）

勝 この近くに加藤ちゃんみたいなチーママがいるような一帯があるんですね。そこに行く前に寄る店なんで、おしゃれですよ。匂いもつかない。だけどそんなにお高くないです。

堀 探せるもんなら…。

勝 焼き鳥食べる前に終わってしまうんですか（笑）。

焼き鳥

堀 やわらかさと塩加減が最高のなんこつ。

勝 せせりに、ワサビ大根おろしが絶妙。ワサビの茎ですね。大根おろしから出ている水分が全体の肉をさらにやわらかくしている。焼き鳥の王道、つくねを塩で。

堀 うわ～っ。歯ごたえなし。フワッと空気をたくさん入れて固めてるような感じ。

勝 綿菓子のような。

堀 かしわはミックスなんですね。何種類も楽しめますね。

勝堀 これだけ疲れているふたりを元気にしてくれたこの店、探せるもんなら探してみ！

はみだし情報 焼酎・地酒は全国から取り寄せた50種類以上が並ぶ。

磯辺焼風餃子

data file
10

大阪市西淀川区

餃子

下町で愛される
夫婦の愛から生まれた
餃子バラエティー

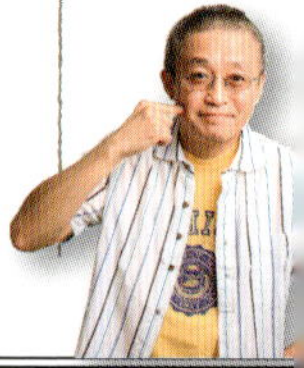

夫婦が二人三脚で作る餃子は、家庭料理のぬくもりと安心感に満ち、組み合わせた素材が洒落ている。しっかりと焼いた小ぶりの餃子が、パリパリと可憐な味。

2007・9・4 放送

本日の担当
関根友実アナ

イタリアン生春巻

関 なんと春らしい!

勝 今は秋だよ。ちゃんと考えて仕事せえ!

関 だんだんむけてきた。

勝 なにその言葉…グッときた。

関 間違ってますか? チーズとハムが合います。

勝 全部まとめて一口でおいしさが広がる。

磯辺焼風餃子と焼酎芋虎

店 ご注文をお聞きしてから包みます。

関 包み置きしてたらペチャッてなりますもんね。

店 はい、うちのは皮が薄いんです。

勝 餃子には焼酎やね。気になってるのが、芋虎。たぶん名前だけで入れてるんでしょ。ご主人?

店 はい、その通りです(笑)。

勝 意外だ。名前だけじゃなくてうまい。

関 餃子の中の緑色が透けて見えますね。

勝 餃子は好きなの?

関 …普通ですね。

勝 リポーターとしてどうよ(笑)。なんと可憐な、はかなげな形。のりの味が生きてて、

熱狂的トラファン

生ビール……500円
酎ハイ…400円
芋虎……550円
イタリアン生春巻……500円
磯辺焼風餃子……450円
椎茸餃子……500円
めちゃ肉餃子……650円
肉みそ餃子……500円
地獄焼ミニ……980円

右）地獄焼ミニ。
たっぷり野菜とホルモンでヘルシーに
左）イタリアン生春巻。さわやかな味

パリンと割れる歯ざわり。冬の鳥取砂丘に張った氷の上に足をのせたらパリンと割れる、そういう感じがしますよ。

関 なぜ冬の鳥取砂丘？

理解できず…

椎茸餃子

関 シイタケの上に餃子の具ですね。シイタケがいい仕事をしてます。

勝 やさしい。シイタケってこんなにジューシーだったんだ。

関 あとからシイタケの豊穣な香りが包み込んでくれます。

勝 あなたもいろいろ言うようになってきましたね。

肉みそ餃子

関 ちょっとピリッとくるのがすごいスパイスになってますね。

勝 ネギの辛味と苦味がきれいにぬけていて、香ばしさだけが残っている。こんなにネギを主役に仕立て上げた餃子は世界中にないんじゃないでしょうか？

めちゃ肉餃子

関 塩胡椒だけなんですね。

勝 めちゃ肉って、要するに肉でしょ？

店 牛肉だけではパサパサするので少し豚とタマネギも入れてます。

勝 爆発力がすごい。技ですね。鉄板の魔術師だ。

地獄焼ミニ

関 堕ちていくのがわかる！辛～い。

勝 ねぇ人妻さん、なんで辛いと堕ちていくの？

関 辛いからやめとこうと思うのに、また口に入れてしまうから。

勝 地獄が天国になったという味ね。

勝関 この下町の素敵な餃子のお店、探せるもんなら探してみ！

スタジオにて

堀 餃子は好きかと聞かれて普通だ、と答えた関根アナが毎日行きたくなる餃子屋です。

須田 大阪って、餃子に対するこだわりがありますね。バリエーションも豊富で、餃子文化がうかがえるお店ですね。

関 大葉やチーズが入ってたり、さっぱりした女性向けのものがたくさんありました。

はみだし情報 食べ終わった地獄焼の中にご飯と溶き卵を入れて雑炊に。常連客しか注文しない食べ方だが、ぜひお試しあれ。

アコウとオリーブの蒸し煮

data file 11

大阪市福島区 イタリア料理

満を持して登場
まさに神業
迫力のイタリアン

おいしい噂は確かめないと気がすまないのがグルメの心情。言われなくても口にすればわかる厳選素材に、力強いソース、絶妙の火加減と味加減が噂どおりの店。

2007・9・18 放送

本日の担当
加藤明子アナ

プロセッコ・シュール・リー

勝 加 乾杯。

勝 ほんの数分前までスタジオでしゃべってた美しい女子アナと、こうやって夜の街へ繰り出せるなんて。こういうことばっかりしてたいなー。絹のような舌ざわりのおいしさだね。

加 微発泡ですね。いっぱい飲んで食べますよ。

カマスのマリネ

勝 身が細かい。マリネだと身がかたくなりがちだけど、全然そうじゃない。バーナーで炙っているのも香ばしい。

加 しっとりしてます。夜にパックをしたあとの肌のプニプニ感と一緒。

勝 そうそう。って僕が言うのはおかしいですね。

パックは未体験です（by 勝谷）

ワタリ蟹のタリオリーニとクラトス（白ワイン）

加 Ｂｕｏｎｏ（ボーノ）って叫びたい気分。身がしっかりしてる。

勝 これはいいワタリ蟹ですね。ワタリ蟹はね、周期的にやせるんだよね。これはパンパンに身が入ってるわ。

加 ほんと、健康優良児な蟹

はみだし情報 ランチのコースはお得な1500円。

ですね〜。

勝 そしてその最高のエッセンスを吸い込んだ手打ちパスタ。非常に多孔質で穴がいっぱい開いてる感じだから、ソースをよく吸ってる。

加 どんどん食べたくなる。自制心が必要ですね、この麺は。

勝 手を使ってさばいたり食べはじめた時点で官能的になる、エッチなのだ。

赤センマイのカザレッチェ

加 濃厚なスープがセンマイにしみてます。

勝 これは、ナニワのイタリア風もつ煮込み。

加 まさに!

勝 パスタの小麦粉がとろみを出して全体を包んでいく。

加 今まで、勝谷さんと随分ロケご一緒しましたけど、一番すと〜んと落ちたコメントです。

勝 今まで俺はそないにロクなこと言うてなかったんかい(怒)。

加藤アナに認められた勝谷氏トホホ

アコウとオリーブの蒸し煮、ブラウブルグンダー・マッツオン(赤ワイン)

加 素材を生かすのは和食っていうイメージがありますけども。

勝 イタリア料理もこのレベルになると、素材を生かす技は日本料理を超えています。これくらいしっかりした魚には、むしろ赤ワインでいいと思う。

加 そうですね。(ゴクゴク飲む)

鴨胸肉のローストとグラッパ

加 フレッシュな黒イチジクが、ソースみたいに鴨をくるんでる。

勝 甘いもの苦手な私がこうやってイッキ食い。甘いものなのにワインが飲めるというマリアージュ!

勝加 イエイ!!

勝 魔法を見せられてるような感じだ。イタリアンでもフレンチでもジャパニーズでもない。もうひとつ上のレベル。

加 満喫です。起承転結が計算されてる。

勝 久しぶりの豪速球、大逆転。メジャー級の155㎞。

勝加 探せるもんなら探してみ!

スタジオにて

須田 鴨とイチジクっていうのはオーソドックスな組み合わせですよね。その一方で赤センマイとパスタ、これははじめてですね。変化球と豪速球、直球ド真ん中を併せ持っているのが、まさに神業なんでしょうね。

モレッティビール	600円
プロセッコ・シュール・リー	4600円
ブラウブルグンダー・マッツオン	7000円
カマスのマリネ	1500円
ハモのタリオリーニ	1600円
赤センマイのカザレッチェ	1600円
アコウとオリーブの蒸し煮	3000円

右）ハモのタリオリーニ。
しっかりしたソースの味が力強い
左）カマスのマリネ

鶏の和風ロースト

data file 12

大阪市中央区

居酒屋

激安のおばんざいが 日本酒と究極のコラボ ひとり客が酔いしれる夜

日本酒を知りつくした店主が、ひと手間かけたおばんざいでもてなすカウンターだけの店。一品ワンコイン前後という値段に込められたやさしさ、その味、クセになりそうな店。

2007・10・2 放送

本日の担当 堀江政生アナ

活ハモおとし

堀 ここ、上田君が、勝谷さんと一緒に下見に来た時…。

勝 そうそう、酔いつぶれたんですよ（笑）。

堀 これは煮こごり？

店 ハモに、梅肉をかけ、冷製のあんで包んでいるんです。

勝 ハモって、淡白すぎるくらいな魚でしょ。煮こごりが混ざってることによって、すごくゴージャスな感じになってますね。

鶏の和風ロースト

堀 食欲をそそるおばんざいがいっぱい並んでます。

堀 ネギによ〜く味がしみてますね。

勝 やわらかい。鴨は得てしてパサパサしがちなんだけど、しっとりしてる。特筆すべきは値段ですよ。これが４８０円。

堀 ワンコインですね。たまには高いとこ連れていってくださいよ。

勝 本当は上田君が来るはずだったんですけどね。こないだ、あの席で酔いつぶれてね。

証拠写真

ビール…500円
焼酎…450円～
竹泉醇辛…780円
美丈夫…780円
奈良漬チーズ…380円
豚もやし蒸し…580円
鶏の和風ロースト…480円

右）豚もやし蒸し
左）奈良漬チーズ。
浅めに漬けた奈良漬がチーズを引き立てる

堀 うちの若いもんがたいへん失礼いたしました。

店 けっこう長い間寝てはりました。

竹《ちく》泉《せん》醇《じゅん》辛《から》、美《び》丈《じょう》夫《ぶ》

勝 竹泉醇辛、つまみいらんわ。こんなこと言うたらあかんね。かなり酸味がある感じがします。

堀 美丈夫は飲み終えた時に、ドンとくる感じ。

勝 交換していい？　ほんとは加藤ちゃんと交換したかったけど、まあいいや。

堀 あ、こっちだな。竹泉醇辛のほうが、ガツンとくる感じ。

勝 僕は、美丈夫。南の酒らしい強さみたいなのがある。

堀 飲みすぎたらね、その辺で寝るんですよ。

勝 **堀** （ぐぅーっと寝たマネ）

奈良漬チーズ

堀 こんな組み合わせ、考えたことないけど。奈良漬のほうが、酒を主張するね。

勝 チーズと日本酒は単独では仲良くできないんだけど、奈良漬という中途半端な触媒があると、両方仲良くなる。奈良漬の奈良は、正倉院に見られるように文化の交差点ですよ。これ、商品化できるかもしれませんね。一緒に仕事しましょう。

店 **勝** （がっちり握手）

豚もやし蒸し

勝 全部家で作れそうで、なかなかできない料理だ。

堀 家ではこんなにあっさりできないと思います。

勝 これ、つまみだから少量をゆっくり食べればいいのに、なんか逆にガツガツいっちゃいません？　家でこんな飯食えたらどんだけ楽しいかっちゅう。もう、酒飲みにはたまらん空間。

堀 本当に。申し訳ないけど、広くないのがいい。

勝 すごい酒飲みの上田がここに来て、寝て帰ったっていうのは、一生の恥として伝えられるでしょうね。さあ、この酒飲みの天国、なかなか難しい場所ですけども、来る価値は絶対にあります。探せるもんなら、探してみ！

はみだし情報　手軽なワンカップの日本酒が揃っている。

data file
13

大阪市淀川区

和食

新鮮魚介の正統派料理に 下町のこだわり鯨料理は なつかしい昭和の味

鯨のお造り

2007・10・16 放送

職人技が光る八寸の美しさに期待が高まり、魚の鮮度はいわずもがな、正統派の和食に加えて、特別なルートで仕入れた鯨料理が、造り、煮込み、鍋とそれぞれ違う表情を見せる。

本日の担当
上田剛彦アナ

戻りガツオと呉春

勝 吟醸の軽い味よりやっぱりこれくらいが合います。和歌山の魚には大阪の酒ってね。カツオがトロトロ。女性の肌にたとえたら、こうへばりついてくるような。関根さんのような。触ったことないけど。

上 そう、って触ったことないですけど、僕も。

平目とウニのカルパッチョ

上 ウニが強烈ですが、魚も負けてないですね。

勝 白いキャンバスに絵の具をぶちまけたような。

上 ウニが強烈な絵の具のようになってますね。

勝 ウニとヒラメの間を取り持つ野菜に意外と力強い味がある。

上 そうですね。

鯨のお造り

勝 鯨を食べる鯨食文化っていうのは日本民族固有のものです。それに対してアングロサクソンが、脂をとるためにさんざん鯨を殺して肉は捨てていたのに、今になって環境利権の都合で、鯨を食うなと

生ビール……525円
焼酎（水割）……480円〜
焼酎（ロック）……550円〜
呉春……735円
黒糖焼酎朝日……580円
鯨ハリハリ鍋……2400円
鯨のお造り……1600円
平目とウニのカルパッチョ……1680円

右）鯨ハリハリ鍋
左）平目とウニのカルパッチョ。鮮やかな彩りのさわやかな味

日本に言ってくる。

上 そう。主張があるグルメ番組だぞ！

勝 酔ってるな（笑）。

上 ちょっと凍った状態ですね。魚の赤身みたいだけど、もうちょっと獣の脂身に近いような。

勝 不思議な生き物ですよ。肉という意味では非常に繊細。牛ヒレの刺身なんかに通じるものがある。

鯨ハリハリ鍋と黒糖焼酎朝日

上 最初にガツンと鯨の香りが来て、この水菜のシャキシャキした奥ゆかしさ。

勝 もっと豪快に食べて。一気に一口で。

上 はい。（ほおばる）

勝 しばらくしゃべらんでいいから。ハリハリ鍋ってこういうものなんですよ。代わりにしゃべります。この口いっぱいのほおばり感ね。鯨っていうのは今でこそ贅沢だけど、昔はこうやって食える数少ない庶民の食べ物だったんですよ。脂こってりの肉に、繊細なシャキシャキ感の水菜を合わせたこの知恵というのはね、すごいもんです。

上 プハァ〜。絶対この食い方ですわ！ 鯨をあんまり食べられなかった僕らの世代は、ちょっと悔しいな…。食文化をひとつ損してますね。

勝 ではそろそろシメにはいろうと思います。なぜなら（腕時計を見て）もう鯨！ もうクジラ！（9時だ）

上 「知らたま！」はじまって以来のダジャレ。

勝 この、鯨のおいしい居酒屋。探せるもんなら探してみ！

スタジオにて

堀 いつも不愉快そうに見てる須田さんですが、今日はうなずきながら真剣でしたね。

須田 いや僕、何が好きって、このハリハリ鍋が大好きなんですよ。水菜を食べる文化って、東京にはないんですね。そういった意味では、関西固有の鍋なんですが、表現できないくらいの味わいですよね。

勝 で、リースナブルでしょ。

上 僕、鯨を食べたのははじめてに近かったんですけれども、魚の赤身でもなければ、豚肉・牛肉とも違う。なんという不思議な食べ物なんだろう。宇宙に住む獣の味かと思いました。

はみだし情報 おまかせ会席は4200円〜6300円、冬には鍋のコースもある。どちらも要予約。

data file
14

大阪市西区
台湾料理
温かさがいっぱい 隠れ家でいただく 台湾料理に舌鼓

台湾もつ鍋

もつと豚骨の味がスープに溶け込み、八角の風味がエキゾチックな、野菜たっぷりのピリ辛台湾もつ鍋。親しみやすい料理が並ぶオフィス街の穴場店。

2007・10・30 放送

本日の担当
乾麻梨子アナ

豚の子袋と胃袋にチンタオビール

勝 入社2年目、乾麻梨子アナの初体験です。

乾 緊張で、昨日の夜あまり寝られなかったんですよ。

勝 先輩達がまたムチャクチャなこと言ったんでしょう。パワハラがあるとかセクハラがあるとか。

乾 いえ、ただ、お酒にだけは飲まれるな、と。

勝 誰がどの口で言うてんの？ あの人達の中の(失笑)。

乾 ビールつぎます。ヘタクソでごめんなさい。

勝 初々しいねぇ。どうやって料理していこか。胃袋からどうぞ。

乾 んー、おいしい。

勝 反応が早い！(笑)

乾 コリコリしていて、でも鶏肉みたいにやわらかい。

勝 香辛料の八角がよくきいて、臭みが全然ないね。次は豚の子袋ね。

乾 きくらげみたいです。

勝 この歯ざわりは、何もの

右）むしどりネギ油
左）豚の子袋。
独特の食感が珍味の証

生ビール……５５０円
チンタオビール……６００円
台湾紹興酒（ボトル）…２２００円
焼酎……５００円
豚の子袋……４８０円
むしどりネギ油……９００円
台湾もつ鍋（２人前）…２５００円

にも代えがたい。

乾 すごく気持ちのいい歯ざわりですね。

勝 おっ、いいことを言うね！コレ、子袋。子袋ってどこでしょう？

乾 たんのうとかですか？

勝 （爆笑）…苦（にが）！たんのうは苦くて食べられないよ。

勝 子袋は、子どもを産む袋ですよ。

乾 えっ。

むしどりネギ油 熟成秘蔵酒神聖20年古酒

乾 ネギが温かくて鶏は冷たいんですね。

勝 この温度の感触で食事が進む。熱いのと冷たいのを一緒に食べるというのは、ひとつの新しいワールドなの。

乾 口の中で味を創る感じですね。

勝 そういうこと。酒飲みの心をつかむ店なんですよ。

（突然、上田アナ登場！）

上 お待たせしました。当店名物の鍋です。

勝乾 わっ！

乾 心配して来てくださったんですね。

後輩思い？ 実は飲みたい！ 食べたいだけの上田アナ

台湾もつ鍋と台湾紹興酒

上 すごいあっさりしたスープですね。乾、取り分ける時は、ちょっと傾けてカメラに見せるのが鉄則だよ。ほら、こうやると、もつが持ち上がるところが見えるでしょ？

乾 ほんとだー。よくテレビで見る感じですね。

勝 テレビって、おまえテレビで働いてるんやろ。

上 八角がきいてて意外にスパイシーですね。

勝 最初にいただいた、前菜としてのもつとはまた違う。

上 スパイシーだけどやさしいんですよ。

勝 台湾の人達ってすごい繊細。で、日本を愛してくれて、そのやさしさが出てる料理なんですよ。それが飲む文化にもつながってるんだ。

上 この鍋、アテとしても最高ですね。

勝 めずらしいよね。もつ鍋にセットのラーメンは、麺をスープにくぐらせるくらいでいいよ。

乾 細い麺が元気ですね。

勝 麺自身のでんぷんの甘さがわかるね。

上 乾、結構飲んでるね。飲めないって言ってたのに。

勝 ご両親は飲むらしいから、開発すれば飲める。

乾 なんか楽しいです。

上 また開発が進みましたね、勝谷さん。

勝 酒飲みへの第一歩を踏み出させてしまったこの店、探せるもんなら探してみ！

はみだし情報 ランチは台湾ラーメン650円（ミニチャーハン付き930円）、日替定食700円。

data file 15

トゥンダーボンに盛られた前菜。ミミガー、豆腐よう、スクガラス、ドラゴンフルーツ、島らっきょう

西宮市 琉球料理

洗練の極み 琉球の宮廷料理で 酒と味に酔う

**琉球王国の貴族に伝わるチャンプルーは
庶民の味とはひと味違う。
懐石のように次々と供される宮廷料理に、
伝統的な器でたっぷりと飲む泡盛。
南の島が好きな酒飲みが
新たな境地に達する味。**

2007・11・13 放送

本日の担当 加藤明子アナ

勝 加藤ちゃんと相合傘でやってきました♪

加 初相合傘。この辺に来るのは「知らたま!」でははじめてです。

勝 今日はコースでお願いしてます。

中味汁

加 豚の内臓ですか? 旨みが詰まってますね。

勝 繊細な味ですよね。いわゆるホルモンの豚って、もっとコリコリ、プルプルしてるんだけど、まるで湯葉を食べてるみたい。

加 私が知ってる沖縄料理のイメージと全然違います。

前菜と泡盛古酒琉球王朝

加 うわー! お正月が来たかのような。

勝 これは沖縄の器なんですか?

店 はい。東道盆(トゥンダーボン)といいます。琉球王朝時代、祝事の時にご馳走を盛るのに使われていました。

加 宮廷貴族の一員になったような気分です。

勝 田芋。ターンムと呼ばれる芋。甘いんだけど、甘いの苦手な僕が十分いただけて、アテになるから不思議だ。

加 本当ですね。

勝 豆腐ようの赤いのは麹《こうじ》なんですよね。

生ビール……550円
酎ハイ…500円
泡盛…600円～
琉球王朝ボトル……4500円
豆腐よう……700円
スクガラス……600円
おまかせコース……3500円
＊3名以上で前日までに要予約

右）ゴーヤーチャンプルーと泡盛用のボウル
左）シークァーサーのシャーベット。
コースは吸い物、前菜、炒め物、煮付け、天ぷら、酢の物、汁そばまたは焼きそば、デザートの8品

加 これはお酒のお友達だわ。

勝 これ1個で泡盛3合はいけると思います。

加 なんか大胆な器が出てきました。

店 泡盛をおいしく飲むためのボウルでございます。

加 たっぷりの泡盛と氷を混ぜてます…。

勝 論理的に絶対おいしいんですよ。アルコールと水の分子が混ざるから。夏の沖縄のビーチで飲みたいな。

加 泡盛ってアルコール度数だけが強いというイメージでしたが、おいしい。

勝 また目覚めたね、アルコールの新しい世界に。

沖縄天ぷら

加 めずらしい、もずくの天ぷらですね。フリッターのような食感です。

勝 モチモチして、泡盛が進んでたまりませんわ。

加 たまりません！

ゴーヤーチャンプルー、フーチャンプルー

加 モチモチとした麩の弾力。

勝 力強いどっしりとした南の国らしい麩ですね。

加 凛としてるんですよね、まろやかな味わいの中にもね。沖縄料理のような女性になりたいなって思います。

勝 ここを教えてくれた人がそういう人で…。

加 あら、どういう人？

勝 小学校の同級生で尼崎市長の白井文ちゃん。尼崎市長やのに西宮の店でいいの？って言ったらおいしいからいいのよって。

沖縄焼きそば

加 これもチャンプルーですよね。

勝 そう。沖縄っていうのは東南アジアと中国と日本のチャンプルー文化だっていうのがわかるでしょ。

加 シメなのに、またここから飲みはじめられるわ。

勝 どうしたの？

加 ず～っと泡盛飲んでいたい。

勝 もうお酒の強さがわからなくなってきてるでしょ。

加 わかんない。ほーんとに泡盛がお水のようです。

勝 加藤が目をうるませて、顔を真っ赤にして喜んでいる、この沖縄宮廷料理のお店。探せるもんなら探してみ！

はみだし情報　もずくの天ぷら、テビチの煮付け、リーキトマトソース煮など多数揃う一品料理も楽しみ。

data file 16

大阪市淀川区

スペイン料理

瀬戸内の味をタパスでひと口
量り売りのワインでほろ酔い
本音を語りあいたくなるバル

本日の担当
堀江政生アナ

カウンター前のネタケースには、産地から直送された、新鮮な海の幸。タパスにアレンジされた料理は、なぜか日本料理的な親しみやすさ。

マテ貝の白ワイン蒸しとドン・ホセ・マリア

勝 今回は堀江さんに案内してもらいました。おやじふたりでスパニッシュです。まずシェリーから。

堀 ドン・ホセ！ 軽やか。

勝 シェリー樽のいい香り。ネタケースに魚がいっぱいですね。マテ貝いきましょう。

堀 ジューシーなマテ貝から味がいっぱい出てきます。

勝 オレガノ風味で非常に滋味がある。身が長いから食べがいがありますね。

堀 そうそう。いつまでも口の中にある感じ。白ワインの量り売りください。

勝 飲んだ量は、どうやって調べるんですか？

店 後ではかりに乗せて量ります。

堀 減った分だけ払うんですね。合理的だ。

真鯛のカルパッチョ

真鯛のカルパッチョ

勝 ネタケースから出てきました。来島海峡の真鯛ですね。日本三大潮流。流れが速くて船の三大難所といわれてる。

堀 鍛えられたタイなんですね。身がもちもちですよ。

勝 刺身としてそのままいけるレベルですね。ただ新鮮なだけの活づくりじゃなくて、タンパク質が熟成してこなれて、オリーブオイルをしっかり身にまとっている。ままま、オットットット。ワインをど

2007・11・27 放送

生ビール……480円
グラスワイン……380円～
アンシリアグラス……580円
飲んだ分だけ量り売りワイン…(100cc)200円
真鯛のカルパッチョ……680円
マテ貝の白ワイン蒸し……580円
パエリアの焼きおにぎり…480円

右）貝の白ワイン蒸し
左）パエリアの焼きおにぎり

うぞ。いやぁ、今日も仕事疲れたなぁ。

堀 疲れたなぁって、なんか居酒屋モードになってるね。あっ、自分だけさっきより多くついでいる。

勝 どうせ最後に量るんだから、どっちが多いとか細かいことはナシにしようよ（笑）。

カキのアヒージョとアンシリア

堀 ガーリックオイルがフワ～ッと広がって、中からツルッと海のミルクが出てきます。

勝 苦味がない。カキの育った海峡の潮が僕の口の中に、急流となって流れ出してます。

堀 潮流に流されそう。

勝 バッチリですね、これ。モノがいいですよ。カキのこのヒダのビロビロ～ンとしたはしっこがかたいというか、立ってるんだよね、ビシッと。

堀 カキのはしっこのビロビロンが立ってるんですか。

さすがおやじ
大人の会話です

ヨリ海老パリッ旨揚げ

堀 香ばしいですよコレ。

勝 皮がすごく薄くて、中身が分厚い。ちょっと和風ですね。日本酒でもいけそうだ。

オリーブオイルをかけてみよ。

堀 おやじの味からチョイ悪おやじの味になったみたいだ。

パエリアの焼きおにぎりとカベルネ・グルナッシュ

堀 これすごいね。焼きおにぎりとしては高級だし、パエリアとしては焼きおにぎりだし（笑）。

おやじふたりの
夜は更けていく

勝 悪い女につかまったって感じ。酸いも甘いも噛み分けた、きゅっと握って焼かれた40代前後の女。さっきの貝のヒダヒダが…いや、知りませんから（笑）。日本とスペインとイタリアの文化が融合したこのお店、探せると思いますが、探せるもんなら探してみ！

はみだし情報 電車が間近に見えて、まるで駅のホームで飲んでるみたい。

2007・12・11 放送

data file 17

大阪市中央区

火鍋

赤と白の衝撃 ふたつのスープで味わう 伝統の中国火鍋

本日の担当 上田剛彦アナ

海と山の極上食材を使った中国伝統の味。赤は唐辛子の入った麻辣《マーラー》スープ、白は薬膳の白湯《パイタン》スープ、両方の味が楽しめる二色の鍋。ゴマダレ、XO醤ダレ、ネギダレ、塩ダレ4種類のタレをお好みで。

火鍋長江

紹興酒古越龍山《こえつりゅうざん》8年

勝 ワゴンで来ましたね。

勝上 かんぺ～い。

上 このなめらかさは何でしょう。

勝 今まで飲んでた紹興酒が、いかにとげとげしいものだったか。水を入れたり、あっためたり、下手したら砂糖入れてたでしょう。本当の紹興酒は常温で、食中酒としても非常にいいものですね。

前菜盛り合わせ4種類

勝 まずピータンから。トロトロだ。

上 ヌメヌメ、ツルツルですね。

勝 まるで食前酒みたいな食い物だね。食欲が進む。

上 ピータンがすごくこなれた女だとしたら、ホタテのユズ風味ジンジャーソースは本当に繊細な女性。

勝 ピータンが関根さんだとすると、ホタテは乾さんみたいな感じ?

上 そうですね。

勝 関根さ～ん、ピータンってどうよ（笑）。

麻婆豆腐

上 辛！来る！来る！来る！熱い！　でも早くもう一口食べたくなる。

勝 酒がほしくなる麻婆豆腐。豆腐が主張を抑えて、ひき肉が

生ビール……609円
紹興酒加飯酒3年（グラス）……525円
古越龍山8年（グラス）……840円
古越龍山8年（デキャンタ）……3150円
前菜盛り合わせ4種類……1575円
麻婆豆腐……1365円
火鍋長江（1人前）……4725円
＊注文は2人前より

右）前菜盛り合わせ。
ピータン、ホタテのユズ風味ジンジャーソース、たたきキュウリ、蒸し鶏のゴマソース
左）麻婆豆腐

存在感を出している。

上 こんな麻婆豆腐もめずらしいですね。唐辛子と山椒の辛味が最高です。

火鍋長江

上 木の箱に何が入ってるんですか？

店 火鍋長江2人前でございます。

上 おー！

勝 高いお寿司屋さんみたいでしょ。素材の新鮮さに自信を持ってるのがよくわかる。

〈赤いスープにワタリ蟹〉

上 辛味がガツンと来るのに、意外にカニの甘さが引き立ちますね。

〈白いスープにつみれ〉

勝 このままもいいけど、ちょっと塩ダレを。繊細なものには繊細なものを。これねー、日本料理以上に繊細かも知れない。素材の味をすごく引き出してる。

上 すごく辛いんじゃないか、大味なんじゃないかと予想したけど、全然違いますよね。

〈茶美豚〉

上 しゃぶしゃぶするんですね。甘くてプルプル。

勝 日本の昆布ダシのしゃぶしゃぶよりもおいしいかも。さすが豚を食っては日本より5000年も上の中国に負けましたね。

〈ロース〉

上 白いスープでもしゃぶしゃぶしましょう。「俺は豚だぜ忘れるなよ」っていう、豚っぽい味がする。

豚っぽい味？

勝 豚を食べて豚っぽい味がすると言ってるアナウンサーの今年のボーナスはどうなるんでしょうか。社長！

上 もう出ましたから大丈夫です（笑）。

雑炊とラーメンを追加

勝 白い白湯スープにはご飯を入れて雑炊に。赤い麻辣スープには平打ちの麺を。

上 あー、辛！　からうまっ!!

勝 酔っぱらってくると味蕾《みらい》が麻痺してるから、もっと刺激がほしくて塩なんか入れたくなっちゃうんだけど。これはこのままでいい。おねえちゃんを連れてきた時に「僕はコレ何も付け加えたくない。この味が今日ふたりで作った共同作業の結果だよ」って言いたいな。

上 はい（キラリ）。

勝上 これからの季節、みんなで鍋を囲んで、本当においしいものを食べたいという人はぜひここに来てください。探せるもんなら探してみ！

はみだし情報「知らたま！」にはめずらしい大バコ。大人数にも対応可能。

data file
18

大阪市福島区
創作料理
オートクチュールの靴が並ぶ不思議な店で、酒のための料理の奥深さを知る

珍味5種盛り合わせ。
新生姜肉味噌、冷やしナス、鳥肝黒酢煮、鯖ヌカ床煮、くじらハリハリ炒め

**デザイナーのママがコーディネイトする
酒のための空間。
食べたいもの、飲みたいものを
相談してからはじまるおもてなしは、
和洋折衷、スイーツまでもが
酒のアテになるフュージョン料理。**

2007・12・25 放送

勝 クリスマスだというのに私はひとりです。スタッフも手軽に済ませようとしているのか、スタジオからすぐの、靴屋の看板にビールのマークがある不思議な店です。

全員 パチパチ（拍手）

勝 えっ、皆来てたの？（喜）

上 どうぞ。勝谷さんの大好きな加藤が隣です。

加 座らせていただきます。

勝 婦人警官の制服は？

加 持ってくるの忘れました（大笑）。

松坂牛コロッケとHALF&HALF

勝 ここは、頼んだ酒に合わせた料理をママのROKOさんが出してくれるんだ。

上 粋だ。トロトロで香ばしいコロッケがビールに合う。

関 じゃが芋が甘い。

勝 牛のエキスが全体に回ってる感じだね。

有機豆の塩煮と珍味五種に純米大吟醸土佐鶴

勝 はい、加藤ちゃん。有機豆の塩煮。

加 ありがとうございます。

上 えこひいきだ（笑）。

加 絶妙の煮加減の豆ですよ。

勝 九州大根の葉炒りは苦いんだけど、その苦さが上品。

上 イカメシ、一口でいきま

右）伊勢エビグラタン。
コロッケの中にホワイトソース、全体を包むやさしいあん
左）辛子レンコン

生ビール……500円
黒霧島…500円
グラスワイン……800円～
モエ・エ・シャンドン（ボトル）……7000円
HALF&HALF（ピッチャー）……1200円
純米大吟醸土佐鶴……900円
おまかせコース……5300円

す。イカの旨みを吸った餅米がやわらかい。イカ餅だ。

堀 僕は鳥肝。すさまじく甘いよ。素材の食感がしっかり残ってて、肝の苦みや臭みは全くない。

関 私はエビ芋と棒ダラ。フワ～ッととろけて、あとから濃厚な風味が湧いてくる。

加 私はナス煮。もう余すところなくダシがしみてます。

有機ユズ味噌焼き

加 鶏ミンチと西京味噌がやさしい。ユズと生姜の風味がたまらないですね。

勝 すごく贅沢。手間と素材が素晴らしい。今年1年「知らたま！」をやってきて、どうでした？

堀 本が出たのが一番ですね。

勝 あれは画期的でしたね。ありえないらしいです、関西だけであんなに。しかもガイドブックとして売れたのは。

堀 ミシュランがライバル心燃やして、僕らに本をぶつけて来ましたけどね。

勝 麒麟の田村の本さえなければトップでしたからね。

関 本屋さんもすごく応援してくださって、レジ横に展示されてたので「この帯に私が載ってます」って言うと、「売れてますよ」って。

勝 で、本屋さんから版元に、「早く2巻目を出してくれ」って要望が来てる。

ほとんどの関西大手書店では発売当初『知られてたまるか!』は『ホームレス中学生』に次ぎ、ヒットランキング2位だった

第2巻、できました！

伊勢エビグラタン

勝 コロッケのように揚げたものを、湯葉のあんと共にいただくなんて、豊かさの着地点に到達した。

堀 伊勢海老入りのグラタンをフライ状にすると…和と洋のなんでしたっけ？

勝 モンスーン。東アジアを渡るモンスーンの出合い。今日は叫びませんよ（笑）。2008年、「知られてたまるか！」の抱負は。

加 鍛錬の日々を送ります。

堀 意味がわかんねえよ。

上 今年はお酒を極めたいと思います。

関 大阪は東京ミシュランよりすごいよ、っていうところを見せつけたいです。

全員 おー、それや！（拍手）

堀 そして、勝谷さんの舌に合う店を僕たちが探します。

勝 変な店というテイストをなくさず、さらに頑張ります。靴がキーワードの不思議なこの店、探せるもんなら探してみ！

はみだし情報 日替わりランチはコロッケ定食800円他、14時まではデザート付きとお得。

お好みミックス焼き

data file
19

大阪市福島区
お好み焼き
新鮮魚介と鉄板焼き ふたつの技がコラボ 刺身がうまいお好み焼き屋

お好み焼き屋の隣は、弟さんが経営する魚屋さん。注文が入ったら、魚屋の主人が調理したての造りを秘密の小窓から届けてくれる。豊富なアテでたっぷり飲んだらシメはやっぱりフワフワのお好み焼き。

2008・1・8 放送

本日の担当
乾麻梨子アナ

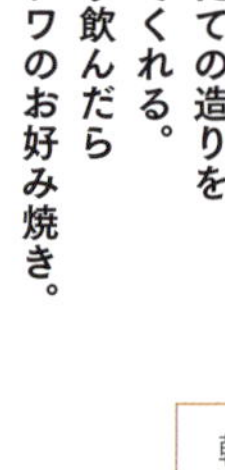

刺身盛り合わせと酔鯨《すいげい》

乾 日本酒で乾杯！ ご主人の後ろの小窓からお刺身が出てきましたよ。お好み焼き屋さんでお刺身って、私食べた経験がないんですけど…。

勝 不思議な異次元の窓の向こうは、弟さんがやってられる魚屋さん。今日のおすすめはヨコワ。

乾 いただきます。マグロよりも繊細でおいしい。

勝 お前は、シロートか？

乾 マグロっていうよりネギトロみたいな。ネギのないトロ。たたいたような、やわらかいおいしさ。

勝 10代の娘みたいなコメントだね。年齢は化粧でもごまかせない。さっきなんて言った、ネギトロのネギを抜いたやつぅ？

乾 あの、たたいたような。

勝 ＡＢＣは、二度とこいつをグルメ番組に出さないように！（笑）

上ミノぽん酢

乾 おいしい！ たまらない。

勝 カメラさんが笑ってるやないか。あまりに貧困なボキャブラリーに。

乾 ネギと合いますね！ あっ、ネギじゃ

ネギは入ってません！

生ビール……500円
焼酎…350円～
酔鯨……800円
龍乃中落ち……550円
刺身盛り合わせ……1200円
上ミノぽん酢……600円
さんま木桶仕込み……400円
牛スジ肉のオムレツ……500円
カキ玉焼……900円

右）刺身盛り合わせ
左）牛スジ肉のオムレツ

ない。違った。タマネギの「タマ」を抜いちゃったんです。

勝 なんじゃそりゃ。ミノというより貝柱に通じるような技ですね。酒の肴に最高や！

乾 ねぇー！

勝 なんだよ、「ねぇ」だけ言ってんじゃねぇーよ！

さんま木桶仕込み

乾 なに、これ、ほわっとしてる。

勝 うんうん。味は？

乾 おいしい…。

勝 （笑）一度木桶で塩漬けすることによって、発酵に近い旨み成分、アミノ酸の一種が出る。それを干すことで、さらに旨みが増殖するんだ。

牛スジ肉のオムレツ

勝 大阪ならではでしょうね。牛スジのオムレツは。

乾 そうなんですか？

勝 牛スジのパワーとオムレツがもともと相性がいい。だからオムレツの上にドミグラスソースをかけることが多い。それを、一緒にしてしまって、いけないもの食ったっていうか…。

乾 いけないもの～？

勝 一緒にしちゃっていいのかい？ って感じですよね。これ、下ごしらえが素晴らしいですね。牛スジのねぇ。

カキ玉焼と龍《りゅう》乃《の》中《なか》落《お》ち（焼酎）

乾 顔のあたりが気持ちいい！

勝 それは酔っぱらったってことです。

乾 おいしい。カキが溶けちゃうような感じでした。

勝 それではカキの存在意義がないだろう、総合芸術ですね。素材の格が違いますね。いいカキですね～。今年最初の「知らたま！」なのにボキャブラリーが少なくて、これでいいのかという論議があるでしょうが…。

乾 すみません。

勝 深くお詫びを…

乾 申し上げます。

勝 もっと勉強しろ～っ！

乾 ごめんなさーい。…探してみ！

スタジオにて

堀 勝谷さん、大変申し訳ありません。この乾の指導責任者は私でございます。

勝 最後の決めゼリフ、とられた…。

乾 言わなきゃと思ったんです。

堀 次までに、もう少し勉強させておきます。

勝 いいんですよ。このキャラが楽しいんですから。

いつもの決めゼリフをとられた勝谷誠彦

はみだし情報 収録はクリスマスイブ。ジングルベルを聴きながら、お好み焼きもまた粋なもの。

モッツァレラチーズと切りたてたっぷり生ハム

data file 20

大阪市中央区

イタリア料理

真のナポリピッツァ協会認定！ 自然の恵みそのまま 太陽の香りを実感するピザ

2008・1・22 放送

2007年4月、真のナポリピッツァ協会の認定店に選ばれた。これは世界で242番目、日本には23店（認定時点）しかない名誉。現地の配合と製法を守った伝統の味が、ナポリから運んだ窯、楢の薪の火力で焼き上げられる。

本日の担当

加藤明子アナ

ピザ生地の素焼きとモンテベッロ・スプマンテ（白ワイン）

加 このピザ、具がのってないですよ。

勝 これが本物のナポリピザの生地。塩とオリーブオイルだけで食べるんだ。

加 軽くて薄い。塩気がきいてますね。

勝 具をのせると湿気が出るからね。

加 粉の質感と食感が耳にまで伝わります。

店 イタリア小麦、塩、ビール酵母、水という、現地の配合と製法を守ってピザ生地を作っています。生地は生き物ですから、天候や扱い方ででき上がりが違ってくる難しいものなんです。

勝 大阪は日本のラテンだから、イタリアの空気に近いね。この窯はナポリから持ってきたんだって。僕も食べ物屋をやってるからわかるんだけど、これ消防への届け出とか大変だったでしょ。

店 はい。それはもう。

勝 窯の前でピザ焼いてる人もイタリアから？

店 いえ。日本人です（笑）。

モッツァレラチーズと切りたてたっぷり生ハム

加 モッツァレラと生ハムを

生ビール……600円
ハウスワイン……400円
ブルネッロ……8000円
モッツァレラチーズと切りたてたっぷり生ハムハーフ……1200円
ピザ生地の素焼き……480円
マルゲリータ……1400円
ほうれん草とリコッタチーズのピザ……1600円
仔羊骨付きロース肉と野菜の炭火焼き香草風味レモン添え……1700円

ピザ生地の素焼き。
塩味だけで勝負する本場の味

一緒に食べて、口の中で「割る」感じですね。たまりません。まだお正月が続いてる気分です。今年もいいことがありそう。決めました。今年も飲みだおれ、食いだおれでいきます。厄年の厄を落とします。

勝 僕は年男。次の年男は還暦です。

ブルネッロ（赤ワイン）

店 トスカーナのワインです。

加 おいしいわ。はじめてひとりで1本飲みきれる気がしたワインです。

勝 すごい笑顔だね。今まで君にワインをおごり続けた男が聞いたら泣くね。俺の話聞いてないな…。ワイン飲むだけじゃなくて仕事しろよ。はじめて加藤にペースをぬかれました。

加 前菜の生ハムがメインに思えるほどの相性のよさです。

勝 地の酒には地の肴…。

加 まだ飲んでていいですか？

勝 いいよ。僕は男も女も、いろんな人の秘められた部分を解き放っちゃう男なんですよ。加藤ちゃんの内なる酒好きの部分を解き放ったのも僕。

加 私はなかなか開かないんですよ。

勝 色っぽいこと言うね～。

飲み続ける加藤アナ

はみだし情報 ランチは、パスタランチ 900 円、ピッツァランチ 1100 円他。

マルゲリータ。シンプルなだけにシェフの腕がわかる

赤穂産カキのオーブン焼き香草バター風味

勝　兵庫県の赤穂産。エスカルゴ風だね。

加　カキが躍ってます。しっとり、ふっくら、旨みが凝縮されてます。

勝　ナポリは海の幸がおいしい。これは大きすぎないカキだね。カキの周りのかためにに焼けたところがオツだね。

加　これはおいしいですよ。

勝　おいしいからすすめたんだよ。このジャンクな感じにワインが合うね。ワインに金をかけたらキリがない。これぐらいが僕の上限です。料理で背伸びしている男はワインをケチる。料理を知ってる男はワインを選べる。男を見る時のポイントね。

加　覚えておきます。

仔羊骨付きロース肉と野菜の炭火焼き香草風味レモン添え

加　やわらかくて厚めのタンみたい。羊に対する今までの経験値をぎゅーっと集めても、どれにもあてはまらない。ハーブがきいてるね。

勝　羊は肉の王道です。

加　裏切らないですね。このカボチャも。

勝　肉がメインで野菜が間奏曲。店内のこのタイルの使い方とか、雰囲気がイタリアだね。東京だと人を安い店に連れていくと、えっていう感じだけど、大阪だと喜ばれる。

加　本当にいい夢見れそう。今日ここにいられる恵みに感謝して、これが私の仕事。幸せです。ぜひこの店を探してください。

勝　まだ終わらないよ！

マルゲリータ、ほうれん草とリコッタチーズのピザにファランギーナ（白ワイン）

加　どれも確実な味。こんな出会いがあればいいのに。

勝　あるよ。きっとそのうち。

君の飲み方見てるだけで、こちらも飲みたくなる。君は本当に水を飲むように、まるでおばちゃんが饅頭でお茶を飲むように、しっくりワインを飲むね。

加 でもワインには全然詳しくないから。

勝 だからいいんだ。ワインはラベルで飲むんじゃないから。君は値段じゃなくて舌で飲んでるからいいんだ。

加 あ、ピザが窯に入った。はじめてのデートの前のわくわくと同じ気持ち。早く食べたい。勝谷さん不在って気分。

勝 俺はいらんのか！（怒）

加 ごめんなさい（笑）。わ、もう窯から出てきた。早業ですね。1分たった？

勝 ピザに乾杯！ スルッ、サラッと入るワインだね。

加 主食と合いますね。

勝 食中酒ですね。最近、主客逆転というか、加藤ちゃんの方がうんちく言うね。

加 このピザ、具と生地がぴったり合体してます。マルゲリータのちょっと青臭い具が生地を引き立ててる。

勝 南イタリアのトマト畑を歩いてるようだ。さっきの生地だけのとは違って、具の水分をさらに引き立てる力がこの生地にある。

加 人生わからないですね。1時間前にはこんな展開があるとは想像できなかった。

勝 人生でそういう行動を起こすのはこれくらいにしておいたほうがいいよ。つぼみが開いてしまいました。

加 いいじゃないですかこれくらい。

勝 今年の加藤が心配です。じゃ、ホウレンソウのピザを。うん、マルゲリータが女性だとすると、こちらは男性。ナポリのちょいワルおやじかな。

加 非常に無骨だけど正直ものっていう。

勝 人のいい農夫のおじさん。

加 このホウレンソウのピザみたいな人と結婚したら幸せになれそう。マルゲリータはふわふわ揺れてる感じ。悩ましいですね〜。だから両方味わうのが一番。

勝 若いうちなら、マルゲリータもいいかな。ピザはナポリのご飯だから、お腹にじっくりこないといけない。このくらいの存在感がないとね。

加 ここの料理のレベルは本当に高いですね。

勝 このビルの地下で鍋料理を上田と食べました。年のはじめのお年玉は見つけやすい店です。探せるもんなら探してみ！

スタジオにて

堀 ピザと結婚？ すごい会話だね。お店がナポリにこだわるのはなぜでしょう。

勝 素材ですね。やっぱり海の幸を生かす料理が素晴らしい。太陽を感じるあの窯、薪や灰、全てがナポリの雰囲気です。

須田 ピザは具をたくさんのせればおいしさを感じるもの。でも、マルゲリータはシンプルなだけに店の実力が出るんですよ。僕も行きたくなっちゃったなぁ。

鴨と鳥の造り盛り合わせ

data file 21

大阪市北区
炉端焼き
予想を裏切るひと工夫 酒を加速させる料理と なつかしい雰囲気に酔いしれて

学生時代のアルバイト仲間が別々に修業を積んで集結。仕入れ、献立作り、味付け、それぞれの腕前を発揮した料理に、隅々まで目がゆきとどいていることを実感させる居心地のよさ。

2008・2・5 放送

本日の担当
上田剛彦アナ

勝 今日はウエタケの案内です。でも実は僕も通ってました。2階のこの席からのぞくと下が見えるよ。

上 キッチンの様子が見えるのは楽しいですね。はじめて店の前を通った時、店の人もお客さんも、みんな笑ってた。絶対においしい！って確信したんです。店員さんの元気な返事が気持ちいいです。

勝 ADはまずこの店で修業すべきだね。

鴨と鳥の造り盛り合わせに 醴泉《れいせん》と上喜元《じょうきげん》

上 醴泉は、こんぺい糖みたいな甘さのお酒ですね。

勝 これは昔ながらの作り方をしてるね。甘いが品があり、おねえちゃんにいける酒だ。上喜元はさっぱり。どちらも料理に合う食中酒だね。まずは淡白なササミから。

上 ちょっと炙ってあるから、香ばしさがふわっと広がる。

勝 鴨のお造りは甘露醤油で。

上 舌にねばりついてくる。わ、官能〜。

勝 鴨の脂って、焼いたりスモークしたりすると存在感がありすぎて、濃かったりするけど、トロッとくるね。名古屋コーチンの心臓と血管のつなぎ部分、これはそのまま食べよう。

右）焼おにぎりこがしじょうゆ。甘辛いタレが香ばしい
左）うなぎだし巻き卵。フワフワ卵に包まれたうなぎが美味

生ビール……450円
日本酒……750円～
鴨と鳥の造り盛り合わせ……2000円
鴨ロースねぎまレア串焼…350円
うなぎだし巻き卵……600円
ラム肉の味噌漬け焼き……700円
焼おにぎりこがしじょうゆ
（うなぎ）…300円
（マヨコンビーフ）……250円

上 白子みたいに、とろーん。
勝 君が食べた残りは、こんなに少し…、とろーんもぬるーんもわからんわ！
上 とろーんの部分は僕が食べた白いとこだけでした。

鴨ロースねぎまレア串焼とうなぎだし巻き卵

勝 肉が口の中にあるうちに、ネギも食べるように。何のためのネギマだか。
上 鴨とネギってこれか！
勝 鴨がネギしょって歩く。
上 だし巻き卵は、うなぎの多いところをもらおう。
勝 おまえは子どもか。うなぎが微妙に卵に包まれてこそ、渾然一体となった小宇宙だ。

寒ブリ炙り造り

上 魚じゃないみたい。とろんとした肉みたいだ。
勝 ブリの旨みを炙ることでとじ込めている。醤油は味を足すもの、こんなに味がしっかりしてると塩だけでいいね。
上 酒飲まなきゃもったいないな。この店、酒飲みであるほど料理が楽しめますね。しかし、僕とは違う料理のチョイスです。
勝 この店は君が連れてきてくれたはずだったけどね。

ラム肉の味噌漬け焼きとシャルドネ

上 この肉、ほろほろとほどけていながら、しっかりした味で、ワインに合う。
勝 ほろほろ、しっかり、どっちやねん！ ラムとエリンギ、いっしょに食べてみて。
上 エリンギの方に脂の味がある。
勝 ソテーしてるから、ラムの脂を吸っている。ま、飲め。典型的なウエタケ飲みモードです。

焼おにぎりこがしじょうゆ（うなぎ・マヨコンビーフ）

勝 ボトルも空きそうだし、そろそろシメを。
上 うなぎご飯だ。
勝 高い店のうな重よりおいしい。これアテでもいける。次、マヨコンいけ！
上 …。
勝 ワインに合うでしょ。もっと飲め。
上 …あれ？ 何言おうとしたか忘れた（爆笑）。
勝 ウエタケが見つけてきて、僕も知っていた店。あなたも探せるもんなら探してみ。

はみだし情報 日本酒は劣化しないように数をしぼって常時２種類のみ置くため、日によって銘柄が違う。

data file 22

大阪市旭区

居酒屋

びっくり激安！
あったか家族が迎える
王道を行く焼き鳥の味

マグロかまとろ造り

2008・2・19 放送

「ムーブ！」出演者の間で噂の「伝説のタクシー運転手」吉岡さん。目的地までの時間を確実に読み、道路という不確定要素の多い中、鋭い状況把握と的確な運転で1分単位で到着時刻を予見し、送り届けるプロ。その吉岡さん行きつけの店。

本日の担当
堀江政生アナ

のり肝巻き

堀 のりの中から肝がウワッと出てくるのが驚き！

勝 いい肝だね。表面がパリパリして食感がいい。

堀 サラリーマン生活20年、こういう庶民的な店のカウンターに座るとほっとするね。

勝 「知らたま！」の店の中でも最も庶民的。伝説のタクシー運転手、吉岡さんに紹介してもらいました。すごいですよ。焼き鳥屋なのに、海の幸が並んでるんですよ。

堀 全部500円前後だよ。

勝 奥の小上がりでは、近所の人が子ども連れで、晩ご飯を食べに来てる。小学生がたくさんいる。アットホームだね。え、堀江さんもう完食!?

堀 スタッフの分を置いとくのがルールのこのロケ、スタッフのみんな、ごめんね。

まぐろかまとろ造り

勝 醤油をはじくよ。サシの入り方がいいから、噛み応えがある。これは高いよ。この店で一番高くて680円もするんだよ。堀江さん箸が早い、僕が食べる前に次いってるよ。

堀 なんで焼き鳥屋さんなのに、こんないい魚が入るの？

勝 大将に聞きたいんだけど忙しそうで。ひとりでひたすら作ってますね。普通の家の

生ビール……500円
焼酎（水割）……280円
のり肝巻き……500円
まぐろかまとろ造り……680円
炭火かま焼き2串……400円
アブラボウズ2串……600円
××そば……550円
焼きおにぎりとスープ…200円

右）のり肝巻き。
新鮮な肝にのりの香ばしさ
左）ココロ。
身がしっかりしている

キッチンみたいなところで。このスタイルで25周年。

あん肝

堀 串から取るのが大変なくらい、やわらかい。焼き鳥のタレみたいだけど違います。

勝 また値段言ってやらしいけど、これ250円。

堀 この値段でお店は大丈夫ですか？　酒が進むなぁ。こげ目の苦みと香ばしさ。

勝 ここが海鮮料理屋といわれても違和感ないよね。

堀 いい店ですね。この店がどこにあるか、ヒントは吉岡さんちの隣です。

勝 タクシーに乗って、運転手が吉岡さんだったら場所を聞いてみてください。

堀 そんな…。

ココロ

吉岡 こんばんは。

勝 おお、伝説のタクシー運転手登場です。仕事中と違うラフな雰囲気。

吉岡 ココロ、好きなんです。1回に10本食べます。

勝 1本100円。このでかさはすごい。口の中がココロでいっぱいになる豊かさ、それで心もいっぱいになる。

吉岡 朝じめの新鮮な鶏です。

堀 吉岡さんは、どのくらいの頻度で来られるんですか？

吉岡 2週間に1回です。翌日車に乗らない日だけ。

勝 吉岡さん、本当にココロばっかり食べてる。この春の選抜野球大会に息子さんが出るんですって？

吉岡 大分の明豊高校でピッチャーです。

勝 吉岡さんと私は同じ歳です。吉岡さんは、目的の時間に「間に合わせます。無理です」の判断がすごい。高速が混んでる、じゃあ下の道に行く。まるでゴルゴ13みたいな瞬時の判断！　大将、吉岡さんにココロもうひとつ！

焼きおにぎりとスープ

堀 全てに共通してますが、焼き加減ですね。外はパリッ、中はやわらかい。

勝 このスープは焼きおにぎりのサービスだって。全てのベースのスープです。しかしこの店を探すのは難しいぞ。

吉岡 私の家の近くです。

勝 誰もわからんがな！

勝 **堀** **吉岡** 探せるもんなら、探してみ。

はみだし情報　焼鳥コースは、鶏の造りに串10本で1300円。

data file
23

大阪市中央区

居酒屋

新鮮な馬肉が名物
不思議な昭和レトロで
ほろ酔い湯上り気分

馬刺の盛り合わせ

産地直送の馬肉は造りならシンプルに、ミンチやスープにはひと手間ふた手間もかけて、丁寧にその持ち味を生かす。銭湯をイメージしたレトロな店には馬肉に合うめずらしい日本酒や焼酎も多く、のぼせないよう要注意！

勝 タオル持ってきた？

乾 え、ここお風呂屋さんですか？　持ってきてないです。借りられるかなぁ…。

馬刺の盛り合わせと悦凱陣《よろこびがいじん》

勝 入浴料って書いてある。

乾 子どもの頃、お風呂屋さんで知らない大人に怒られた、そんなことを思い出す雰囲気ですね。

勝 馬刺しにぴったり合うお酒を選びました。わ、手ぬぐいが出てきた。

乾 キャー、樽に入ってて可愛い。

勝 温泉風ぬる燗だね。さしつさされつ、女子アナと。

乾 飲んだ瞬間は甘い。迫力があって食道と胃が熱い！

勝 辛口だね。香川県のこんぴらさんの参道裏にある蔵。西日本の酒だからツーンとしない。上手に味がついてるね。まずはモモ肉の赤身を、タマ

本日の担当
乾麻梨子アナ

2008・3・4 放送

生ビール……………550円
萬膳……………700円
悦凱陣…750円
白菊…1580円
馬刺の盛り合わせ……1580円
メヒカリの丸干し……………900円
桜ミンチカツサンド……1400円
馬骨塩ラーメン……680円

メヒカリの丸干し。
口の中でとろける白身に驚愕！

ネギが入った醤油で。うーん、酒の甘さを押しのけて、肉の甘さが出てくる。

乾 香りがいいですね。噛めば噛むほどおいしい。

勝 今日も「おいしい」としか言ってません。

乾 だって、本当においしいから、おいしいって言うんだもん。

勝 開き直ったな！

乾 ふたえご（バラ肉）ってトロみたい。もちもちして、なんて言ったらいいんだろう…。

勝 そう言って、だまってたらいかんやろ。

乾 おいしい以外を言うのが怖い。

勝 上司の堀江さん、ボキャブラリー少なすぎだよ。入社試験どうなってんだ。

乾 思考が止まりました。私のエゴでおいしいという言葉しか言ってませんが。

（お酒を吹き出す乾）

勝 こら、吹くなよ！

乾 汚いところを見せてごめんなさい。お酒って目にしみる。もうパニックです〜。

勝 「知らたま！」史上初、ロケの途中で止まってます。

前代未聞
衝撃映像

私はどうすればいいのでしょうか。

乾 どうしましょう。私、しゃべるのが怖いです。

ディレクター 大丈夫、大丈夫、リラックスして。

勝 思ったままを言えばいいんだよ。

たてがみ

乾 とろとろでお…。

勝 おいしいって言おうとしたな。赤身とたてがみをいっしょに食べると、まるでバレエでいう、パ・ドゥ・ドゥ。違うふたつのすごく優秀な才能が独自で立ちながら、一緒になると全体としてさらにいい。なぜぬる燗にしたかというと、こうねを飲み込んで、口の中にまだ脂があるうちに酒を流し込むと…。

心からお詫び
申し上げます。
スタッフ一同

はみだし情報 深夜0時から3時まではBarスタイルで営業。

乾 ん、いい脂が出てくる。

勝 脂を溶かしていくのが、この酒。

乾 舌の上がファンタジー。

店 メモをとりたいコメントです（笑）。

勝 熊本でビールかすを食べさせて育てている馬です。昔の馬肉というのは、働けなくなった農耕馬のものだったから肉がかたかった。ここのは、わざわざ食べるために育てられている。贅沢だ。

もう語彙が少ないとは言わせない

栃尾揚げ(油揚げ)の馬味噌詰めと青一髪《せいいっぱつ》、龍宮

勝 青一髪の意味わかる？

乾 わかりません。

勝 江戸後期の儒学者、頼山《らいさん》陽《よう》の漢詩にある言葉で、南の海を見ながら、空と海の間に青い髪の毛を置いたように一線を画している、つまり水平線のことを表しているんだよ。

乾 勝谷さん、物知りですね。おいしい焼酎です…。厚揚げがパリパリですよ。で、中はふわふわ。

店 馬肉ミンチにコウネも加えています。

乾 桜の香りがします。

勝 一生懸命考えたコメントだね。馬肉を桜肉って言うって知ってた？ しかしこの味噌、ドミグラスソースのようで洋風っぽいね。

桜ミンチカツサンド。上品なミンチが馬肉の特長

メヒカリの丸干しと白菊

乾 お酒が甘〜い。白い味。せせらぎみたい。

勝 そうだね。君は言葉の才能があるよ。白菊は、きれい系だけどペラペラじゃない。食中酒としてしっかりしてる。

乾 お魚、頭からいきます。おいしい！

勝 食べる前に言うか！ 深海魚だから、釣り上げる時に気圧の変化で目が飛び出る。刺身、唐揚げ、何でもいける。

乾 白身と白身の間がふわふわ、口の中でとろける。

勝 麻婆豆腐は飲み物だ、と言ったタレントがいるけど、メヒカリこそ飲み物だ。僕はこれが好きで福島県まで食べに行くくらい。

乾 お酒、いただいてます。

勝 酒飲みだね。自然に酒に手がいく。どんどんいいリポーターになっていきますよ。舌の上の…

乾 ファンタジー（笑）。

馬骨塩ラーメン。さっぱりした味わい

桜ミンチカツサンドとグラスワイン（赤）

乾 お寿司みたいに焼印がある。わ、おっきい。好き！

勝 大きい、好きって…（笑）。

乾 牛ミンチが。

勝 馬だよ。

乾 そうか。あっさりしてます。マスタード風味で。

店 タスマニアの粒マスタードです。

勝 非常に繊細な食べ物をサンドイッチでいただく。君、ただ食ってるだけじゃないか？ コメントしたくなくて、わざと口いっぱいに食べてないか？

乾 そんなことないですよ。上品っていうか、うりゃーって感激します。

勝 うりゃーってなったわけね（笑）。

乾 わ、自信なくなってきた。

勝 大丈夫だよ。なんで俺が教育してんだ…。

馬骨塩ラーメンと萬膳

乾 わー、水菜がきれい。馬の骨のダシですか？

勝 めずらしいですね。まずスープを飲んでみよう。

乾 あっさりしてます。鴨のお吸い物みたい。うちで、お正月に食べるお雑煮みたいです。

勝 馬の骨のスープに馬油のコク、よっぽど丁寧に掃除してるんですね。魚介も入ってるからダブルスープです。本当にうまい飲み屋が作るハンドメイドのラーメンはうまい！ 長湯（笑）する人が多いこの店、探せるもんなら探してみ！

フランス産ウズラとキノコのラグー

data file 24

大阪市西区

スペイン料理

凝った料理がさりげなくワインを誘う粋を気取りたい大人のバル

手の込んだ料理をタパスで少しずつ、酒飲みの心にダイレクトに響く繊細な味を、自然派ワインが引き立てる。店主が仕込みにかけた手間と愛情が味に表れ、メイン、シメとついつい食が進むカウンターバル。

2008・3・25 放送

本日の担当　加藤明子アナ

タパス（イワシのレモンマリネ）とカバ・ロゼ

勝 いい夜になりますように。

加 乾杯。華やかで春っぽいロゼですね。

勝 桜を思わせるような、食欲の湧く味だね。

加 期待値が高いです。カウンターとテーブルに2席だけの小さな店。ひとりで来てる人が似合ってます。

勝 まずはタパスから。

加 イワシの味がかろやかで酸味が鼻腔に広がって、さわやかです。

勝 酸っぱすぎないね。お酢じゃなくてレモンの風味がいい。

加 のん兵衛って、こういうのをちょこちょこと食べたいんですよね。

勝 いつのまにのん兵衛になったの？ はじめの頃は違ったのにね。

加 「知らたま！」がはじまって3年ですもん。人間って変わるもんですね。

勝 コメントが良くなったよ。前は今の乾と変わらなかった。「おいし〜」「緊張して食べれないんです」ってね（笑）。乾も早くこうなるといいね。

サバとじゃが芋のテリーヌに白ワイン

加 テリーヌの上にあるゼラ

チンのプルプルがきれい。うわーおいしい。

勝 ほとんど乾レベルまで下がったコメント（笑）。

加 サバの風味をじゃが芋がくるんでる。

勝 見たままだろ。インカのめざめという名の黄色いじゃが芋に、ジュレも一緒にほくほくと。君はサバ好きだね。ひとりで行くという、サバサンドイッチの店とかね。

加 このメニューも加藤のサバリストに入りました。

トリッパと白インゲン豆

勝 ホルモンだね。マシュマロのような食感にやさしいトマトの味が合う。これはぜひ「もつアナ」堀江さんにも食べさせたい。

加 口の中でホルモンが踊ってます。お豆が口の中で、やわらかく溶けます。

勝 女の子は芋とか豆とか好きだね。女性の好みをわかってる料理だね。

加 擬似恋愛しそうな料理。

勝 なんだそれ、ここにいる誰かと擬似恋愛？

加 違いますよ。

勝 怖い女だ。

加 まだまだ未熟です。あ〜早く大人になりたいな。

勝 え、まだ大人じゃないの？ま、飲んでよ。君を大人にしたい男はいっぱいいるでしょ。

加 こういう会話がしたくなる店ですね。

勝 はぐらかされた…。

イベリコ豚、スペアリブのグリル

勝 長野県の伊部里《イベリ》村で育てられたコブタ。

加 えー！

勝 嘘だよ。スペイン産。

加 女の子にそんな話、してるんですか？

勝 信じる子がいるんだよ。

加 すごい肉汁。脂の旨みがすごい。勝谷さん、骨ぎりぎりをそいでみてください。これは飲まなきゃいられない。

勝 野性的だね。だけど下品ではない。加工された肉片だとわからない。こういう骨のついてるところを食べると、ああ命をいただいてるんだって、ありがたみを感じるわけですよ。

加 これは余すところなく食べたい。ワインと同じ色で、やさしいシンプルな味。

勝 焼いただけでしょ。これ

生ビール……450円
グラスワイン……600円〜
タパス…400円
サバとじゃが芋のテリーヌ……950円
トリッパと白インゲン豆…900円
イベリコ豚、スペアリブのグリル……1650円
イカスミ入りパエジャ（小）……1600円
フランス産ウズラとキノコのラグー……1600円

イワシのレモンマリネ

はみだし情報 スペイン語で「飲んだくれ」の意味を持つ店名。

イカスミ入りパエジャ。強力なアルデンテ

素材がいいね。

店 はい。グリルパンで。

加 だまし無しの味ですね。

勝 余韻が残る味だね。安いチューインガムだとすぐ味が消えるけど、高いのだとしばらく味わえる、みたいな。あ〜、物書きとして、何という表現をしてるんだ俺は。

玉ねぎのキッシュ

店 箸休めにタマネギのキッシュです。

勝 フォーク休めだね。街のバルならではだね。

加 ほんのり甘い。

勝 ボトルの残りがこのくらいの時に、これを出されたら、もう1本って言いたくなるね。マスターの罠だな（笑）。

タラ白子とアスパラガスのソーススパゲッティーニ

勝 白子がその旨みをパスタの方にあげてる。白子がまざってるんじゃなくて。白子は白子で謙虚に主張して、他のものにも味を移してる。すごい白子ボランティア。アスパラの歯ごたえもよくて、季節感があるね。

加 レストラン的でなく、家庭的で、うるっときそう。

勝 元気なおばちゃんの店で、「今日何がおいしい？」「これこれ」って、どーんと出されるような感じね。

丹波産猪のラグーパッパルデーレ

勝 僕は丹波篠山の猪大使なもんで、こないだも丹波に行って猪を食べました。この猪は日本のジビエとして世界のどこに出しても負けない。

加 パスタといえどもメイン料理を体感してる感じ。言われないと猪ってピンとこないかも…。

勝 今、コメント考えてるだろ。

加 ただ単においしい。

勝 乾か君は。

加 大人のミートソースです。

本物の味を知ってしまった。

勝 そうか、確かにミートソースだ。男も料理も本物を見つけるまで努力をすることですね。君はもう、その辺の味には戻れない。料理を僕に調教された。いいかげんな表層的なものにはもうだまされない。

イカスミ入りパエジャ

加 アルデンテのさらに上をいく。絶妙〜。

勝 炊きすぎるとシメに、炊きが浅いとつまみに、これが面白い。マスター、カシスをストレートで。

加 カシスだと甘くないですか？　ん、とろっとしてる。このままいただくのははじめてです。デザート酒でありながらアテを欲するおいしさ。パエジャがアテとして仕事をしてます。この店、感動です。心の琴線に触れる料理です。

勝 どう、開放された？　何、君、その距離感は。

隣席にダンディーな紳士登場

勝 おひとりでよく来られるんですか？

紳士 僕は東京なんですが、出張で大阪に来るたびに寄ります。マスター白ワインを。失礼、既に何杯か飲んできておりまして。

勝 演出じゃないんですよ。いい出会いです。ここは本当の意味でのバルですね。

紳士 僕も世界中の料理を食べましたが、ここの親孝行な店、という感じが好きです。

勝 欧米の人は、おいしいものはおいしい、そうでないものは違うと、はっきりしていますね。

紳士 日本人は迎合してしまいますからね。欧米では真夏でも寒ければコートを着る、主張がはっきりしていますね。しかし、今夜はこんな素敵な方の隣で飲めて幸せです。

勝 完全に主役を取られました。僕はまだまだ未熟者です。本当に一期一会ですね。僕と加藤ちゃんの心に、深く刻まれたこの店、探せるもんなら探してみ！

サバとじゃが芋のテリーヌ。やさしい味にほれぼれ

data file
25

フランス料理

六甲おろしの下町で アラカルトでいただく 激安カウンターフレンチ

阪神間の地元で手に入る素材を丁寧に、人一倍の手間をかけて、高級な味に仕上げていく店主。小さなポーションに鮮やかな彩り、見た目にも美しいフランス料理が気軽に楽しめる。

本日の担当
関根友実アナ

野菜料理の盛り合わせ

勝 阪神間で人妻と♪

関 フレンチです。

勝 でも、ひとけた金額が違うんですよ。

関 コースでン万円?

勝 メインディッシュが単品で580円。1000円以上のものがほとんどない。

関 えー!

勝 まずは、ジュレをそのまま いって。

関 トマトだ。透明なのに。

店 シンプルにしぼって濾してジュレにしてるんです。純粋にトマトの味だけです。

関 ビーツにベローンってかかってるのは何?

勝 なんだよその表現は。ビーツって火を通して食べるイメージがあるけど、さっくり締めただけの感じね。パンプキンも酢だけかな。

関 甘酸っぱくてさわやか。ひよこ豆大好きなんです。

勝 フォン・ド・ボーがしっかりきいてるね。

関 ミートソース系のナスのグラタン、先にもらいます。

勝 チーズを全部持っていった…。

関 分けましょか。

勝 いいよ。580円の半分、290円でもめたくない。

ホタルイカのスモーク

関 イカの中からムリンと出てきたもちもち感がすごい。

2008・4・8 放送

舌平目の
ホタテムース詰め

生ビール……450円
グラスワイン……400円〜
白川郷…400円
まごころ……500円
野菜料理の盛り合わせ……580円
串揚げ……100円〜
舌平目のホタテムース詰め……980円
ミートソース……580円

右）野菜料理の盛り合わせ。シンプルな野菜のおいしさ再発見
左）ミートソース。手打ちパスタにしっかりからむソース

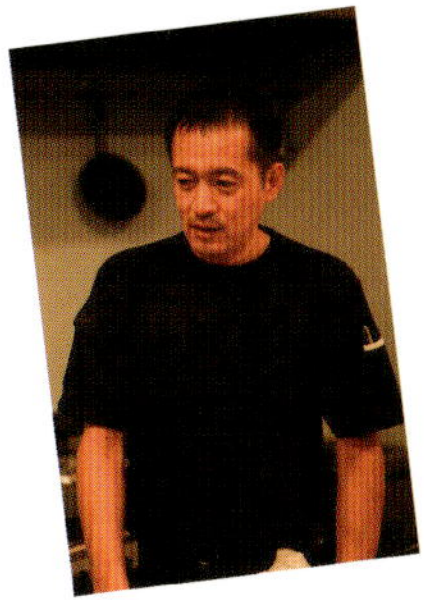

勝　またしても不思議な表現を…。しかし酒が進むね。フランス料理はオードブルで食事が進む。全部食べたら性欲が進むってね。

関　フランス人っぽいですね。

うずらのスモーク

関　卵が可愛い。中から濃厚なのがとろ〜っと出てくる。

勝　半熟なんだ。エロトークにはいかへんで〜。

関　いってくださいよ（笑）。

勝　人妻の舌の上できゅーっと噴出。とろけるトロトロしたもの。

関　何てれてるんですか。

勝　いやいや。コクがスモークの味を引き出し、野性味を出しながらも危なっかさをなくしている。

関　ジューシーで芳醇です。

串揚げと白川郷、まごころ

関　ちょっと待って、ここフレンチですよね。串揚げ？しかも100円からって…。

勝　いちいち値段を確認したくなる。

関　まずは、じゃが芋に赤ワインソースをつけてと。わ〜繊細なマッシュポテト。クリームコロッケみたいです。

勝　フレンチでいうクロケットですね。次は鯨、食うぞ〜。すごくいい鯨。貧しくて食った鯨と、豊かになって自分の金で食う鯨の違いを噛みしめています。

関　しかも200円。

店　実は僕、以前ABCのすぐ近所の店にいまして、アナウンス部にも出前によく行ってたんですよ。

関　イヤな感じのアナウンサーいませんでした？（笑）

舌平目のホタテムース詰め

関　はふ〜、中が熱い。

勝　人妻のエッチな発言。ムースの濃厚さが舌平目の持ち味を生かしている。

関　マッシュルームが1個ずつカービングしてある。このびらびらが贅沢。

勝　今日はいろんな言葉が出ました。まるでAVみたいに。

ミートソース

関　手打ちパスタなんですね。完璧な最高級のパスタ。もちっとしてきしめんみたい。

勝　完成度が高すぎる。余計な手間をかけず、シンプルで奥が深い、さまざまな技が凝縮して、なおかつ酒に合う。知的エロスに満ちた男が打つパスタ、このフレンチ、探せるもんなら探してみ！

はみだし情報　時にはお客さんの要望で、テレビから阪神戦が流れることもある。

data file
26

大阪市北区

もつ料理

北の新地にきらめく
美食エッセンスたっぷり
博多風もつ鍋

黒毛和牛のもつ鍋・白

ホルモン文化の大阪に、ついに博多風もつ鍋登場。たっぷりのキャベツにゴボウの風味、もつは小腸のみ。場所がら敷居が高そうだが、安心の値段設定で、味・雰囲気共に豪華な気分。

2008・4・22 放送

本日の担当
堀江政生アナ

黒毛和牛のユッケ

勝 大物政治家が密談してそうな小さな個室です。その扉の向こうに隠し通路があって、もしもの時に逃げられるようになってたりして。

堀 まさか。

店 ライスペーパーを崩して湯葉と一緒にどうぞ。

勝 もつじゃなくて、ちゃんとした肉じゃないですか。

店 モモ肉です。

堀 肉のおいしさに加えて、湯葉との組み合わせがいい。

勝 肉に自信があるから小さくたたかずにせん切りにしてる。おねえちゃんと同伴で来る店だから、盛りつけが美しいね。

堀 同伴で来るおじさん達は、取材すんなよって思ってるでしょうね。

黒毛和牛もつのふわふわニラ玉

堀 もつの脂が卵にしみ込んで甘い。もつと卵がこんなに合うなら家でも作りたい。

勝 でも、このホルモンが手に入らない。自分でもつを仕入れるようになったら、もう最後だね。

堀 たぶんアナウンサー辞めてると思います。

勝 元もつアナのもつの店って店出したりして（爆笑）。

右）黒毛和牛のユッケ
左）黒毛和牛もつのふわふわニラ玉

生ビール……630円
グラスワイン……630円
不阿羅王……714円
甕雫…1239円
黒毛和牛のユッケ……1029円
黒毛和牛もつのふわふわニラ玉……819円
黒毛和牛のもつ鍋・白……1180円

黒毛和牛ホルモン3種バターしょう油炒めと赤ワイン

勝 これは下味の段階でいろいろやってるね。見た目はジャンクだけど、非常に繊細でレベルの高い料理。ワインに手がいかないくらいチェーンイーティングしちゃうね。

堀 もつがいつまでも口の中で味を伝えてくれる。最近もつがいとおしくて。

勝 CDでも出しますか。「もつはいつまでも」っていう。

堀 じゃ歌詞を書いてくれますか。僕は曲を作ります。

勝 もつはいつまでも～♪

黒毛和牛のもつ鍋・白と焼酎不阿羅王《ファラオ》、甕雫《かめしずく》

勝 暴走族がスプレーで書きそうな名前の焼酎だ。

堀 鍋の香りでお腹が鳴る。

勝 とんこつベースで白味噌。大阪は強固なホルモン文化があるから、なかなか博多風が上陸しなかった。ここが新たな大阪のもつ鍋の起爆剤になるかもね。キャベツにゴボウ、野菜たっぷりでおねえちゃんも喜ぶわ。次の日、お肌ツルツルになるよ。女性の方に、お勧めです。もつの皮がほとんどなくて、弾けてプリプリ。まるでコットン。舌の左奥の一番味蕾《みらい》が敏感なところが感じている。ん…堀江さん、何も言わないで食べてるだけじゃない。仕事しましょうよ。

堀 キャベツが甘い。その甘さももつにしみ込んでる。

勝 堀江さんの鍋に伸びた手をどけたくなるよ。

堀 ケンカしないように食べましょう。

勝 この贅沢な白湯《パイタン》スープにラーメンを入れましょう。ちぢれ麺です。なにをかくそう店長は、ラーメン店出身。計算されつくしたラーメンができます。

堀 しっかりコシがあります。このシメは幸せですね。あ、まだスープにもつが少し残ってた。

勝 なんだろうね。おやじふたりでもつを取り合いしてるって。もつと麺を一緒に食べるのがいいねー。Where is MOTSU?

堀 今、箸ではさんだキャベツ捨てたでしょ。もうもつないよ。あ、あった！ 持つべきものは、いいもつですね。

勝 探せるもんなら探してみ！

もつを探し続ける
勝谷誠彦

はみだし情報 もつ鍋は、博多風白味噌の他に、韓国風の赤、和風ダシもある。

黒毛和牛ロースの天ぷら

data file 27

芦屋市

和食

高級住宅街の粋人達が惚れた若き天才料理人が織りなす和の饗宴

明石の昼網で入る新鮮な魚を中心に、海の幸をアレンジした和テイストの創作料理が、厳選された日本酒や焼酎の旨みをさらに引き出し、「もう一杯」を繰り返したくなる店。

2008・5・20 放送

本日の担当
上田剛彦アナ

地卵だし巻きと綿屋

上 上質なハチミツみたいな華やかなお酒ですね。

勝 甘いけど、媚びないね。

上 大きなだし巻きです。きっちり層になって、ふかふか。

勝 でも、しっかりしてる。これはきっとつなぎがポイントだ。魚のすり身かな。

店 魚系じゃなくて植物系です。これ以上は秘密です。京都の錦市場の卵焼き屋さんで教えてもらったんです。

勝 よく教えてくれたね。知り合いだったの？

店 いいえ。朝から晩まで店の前ではりついて。

勝 産業スパイか！

店 根負けして教えていただきました。

勝 甘い酒に甘い卵が合う。ひとり寂しい休日の過ごし方は、こういうふうにきれいに卵焼きを作って、それを肴に飲みながら本を読む。これが正しい。君と僕は、相手につないだ後、必ず手酌で自分につぐ。気が合うねぇ。今日の服も同じカーキ色。気合入れて飲むから戦闘態勢だ！

上 違いますよ。

ウニクリームコロッケ 北海イクラソース添えと天の戸

店 ウニはすりつぶしてペーストにしています。

純米大吟醸綿屋……1500円
純米生原酒天の戸……1300円
地卵だし巻き……800円
ウニクリームコロッケ……1200円
本マグロのとろかま塩焼き……1150円
黒毛和牛ロースの天ぷら……2100円
おこげのかに玉あんかけ…980円

右）おこげのかに玉あんかけ
左）ウニクリームコロッケ　北海イクラソース添え

上 ウニだからイクラがのってるんだ。

勝 なんでウニだとイクラなんだ？　説明してよ。

上 北海道つながりです。

勝 なんだそりゃ（笑）。

上 濃厚なクリームの中にシメジや貝柱、コーンも入ってる！　コロッケの甘みに対して、日本酒がレモン水みたいにすっきり感じられる。

本マグロのとろかま塩焼きと田《でん》酒《しゅ》

上 表面はパリッ。中はメレンゲみたいに舌で崩れてく。

店 普通はキハダマグロなんですが、うちは本マグロです。

勝 酒ください。本マグロに合わせて青森・津軽半島の地酒、田酒を。採れた地域の酒を飲む。これが本筋だよ。

上 琥珀色だ。

勝 マグロの脂肪とこの酒の旨みがぴったり合う。

黒毛和牛ロースの天ぷら

勝 塩で食べよ。

上 牛肉の天ぷらははじめてです。油で揚げているのに、余分な肉の脂を衣が包んでてステーキより肉臭くない。

勝 サクッとしてる。天ぷらという魔術です。

上 天つゆをかけるんですって。めちゃくちゃおいしい。

勝 僕が塩って言いましたけど、天つゆの方がおいしい。たっぷり天つゆをかけて、あれだけすごい肉をジャンクに落とし込み、それによってさらに聖なる領域に。

上 どんなに落ちぶれても美女は美女。もしやあなたは高貴な出、みたいな。

黒つくねを試食

勝 これがコンテストで上位をねらっている料理。

上 温泉卵の黄身とのりとつくね、3層の味。

勝 ご主人は甘さ系のコントロールがうまいですね。

店 甘くても重くならないようにしています。

上 つくねの中に野菜がたくさん入ってる。このつくねがご飯で、外が佃煮みたい。シメのおにぎりだね。インパクトがある。私が差し上げます。金賞を！

おこげのかに玉あんかけ

勝 少し中華寄りだけど非常にやさしいね。仕上げにふさわしい。

店 一番ダシで作ってます。

勝 香り立ってるわけだ。揚げおにぎりだね。あ～今日は酔っぱらっちゃったな。これ食べてお帰り。君、やることわかってる？

上 あ、あれだ。

勝 知的な料理のこの店、探せるもんなら探してみ。

はみだし情報「ムーブ！」の前プロデューサーの行きつけ。
ずっと内緒にしていたが、満を持しての紹介となった。放送時より数軒東に移転。

data file
28

大阪市西区

鉄板焼き

組み合わせは自由自在
独自の大阪風創作フレンチの
こだわりはお好み焼き

キャベツのステーキ、ゴルゴンゾーラの×××焼き

和食からフレンチに転向したシェフが、あえてお好み焼き屋と名乗り、厚さ2㎝の鉄板から生み出す珠玉の数々。鉄板を大きなフライパンのように使い、フレンチの新たな味を表現中。

2008・5・27放送

本日の担当
関根友実アナ

香川県産ホワイトアスパラ ポーチドエッグ、あさりのソース生ハム添えとマセドンキュヴェロゼ

関 シャンパンがフルーティー。ここ本当にお好み焼き屋ですか？ そんな雰囲気どこにもないですね。

うす揚げのつめもの鉄板焼き

関 ソースの匂いにそそられます。かぶりついちゃお。ハーブの香りがいい。これフレンチですね。

店 エルブ・ド・プロバンスというハーブのミックスを使っています。

勝 ジューシーだね。野菜から出てきた水分が全体に回ってる。

関 いきなりノックダウン。バルサミコと醤油のソースが不思議だわ。

雨の中、ロケがスタート

勝 お好み焼き屋のつもりで来たのに、ナイフとフォークで。

関 この卵すごいきれい。

店 龍の卵っていうんです。卵黄が濃厚なんです。

関 鶏じゃないんですか?

勝 ニワトリだよ。お約束のボケで（笑）。アスパラが下に隠れてる。濃密な逸品だね。

関 口からこぼれそう。

勝 卵が調味料になってる。フランスパンですくって食べたいね。

こだわりの焼き野菜サラダ タップナードソース

勝 甘いとうまいの合間だね。

関 まずこのまま食べます。ズッキーニが野菜本来の味ですね。何もつけなくてもおいしい。

勝 ほとんどが無農薬野菜だって。こういう野菜の食べ方を忘れてたね。おいしい店は野菜がうまい。これ、「知らたま!」の法則。

関 これは2㎝の鉄板じゃないと出せない味ですよ。このトマトも甘いです。

店 桃太郎というトマトです。中谷さんの。

関 あの甘いトマトで有名な。私レンコンも好きなんです。

店 加賀レンコンです。

関 あま!　なんだこれ～。

勝 レンコン焼くのは難しいんですよ。

店 弱火と中火でゆっくり焼いてます。

勝 じわーっと熱が通ってる。山芋入りのじょうよ蒸しみたいだね。

関 密度が濃いですね。野菜だけでも十分おつまみになる。

勝 このアンチョビーのソースもおいしいけど、野菜だけでも十分だね。

関 なかなか粉もんにたどり着けないですね。

キャベツのステーキ、ゴルゴンゾーラの×××焼きとプティヴェルド（赤ワイン）

関 私の知ってるキャベツと違う。「フランスからこんにちは」だわ。

フレンチで腕を磨いたシェフ

- 生ビール……550円
- アウグスエイト……900円
- マセドンキュヴェロゼ……7800円
- プティヴェルド……6600円
- うす揚げのつめもの鉄板焼き……470円
- 香川県産ホワイトアスパラ ポーチドエッグ、あさりのソース生ハム添え……1650円
- キャベツのステーキ、ゴルゴンゾーラの×××焼き……920円
- アナゴの蒸し焼き、フォアグラと賀茂ナスのステーキ……2200円
- 岩手白金豚の豚玉お好み焼き……780円

勝谷「ウエタケに似てるなぁ」

はみだし情報 めずらしい、無ろ過樽出しビール、大麦麦芽100%の「アウグスエイト」も置いている。

勝 なんだそれ。

関 ゴルゴンゾーラとキャベツが合うなんて。

勝 これはキャベツが生地で、その包容力がゴルゴンゾーラを包んでいるんだね。

店 お好み焼き屋なんで、キャベツを主役にしたいと思ったんです。

勝 キャベツっておいしいんだなってわかりますね。

アナゴの蒸し焼き、フォアグラと賀茂ナスのステーキ

関 この取り合わせ、人生初ですよ。一口で入るかなぁ。

勝 なみだ目になってる。恐るべし淡路のアナゴ。

うす揚げのつめもの鉄板焼き

関 アナゴが粒子になって全体に散らばって、バルサミコの酸味が残って、賀茂ナスがジューシーさを加えて、フォアグラが消えていく。

勝 このコーナーには贅沢すぎる。

関 これは30歳を超えてから食べてください。

勝 やばいっすよ（DAIGOのマネ）こんなおいしいのを子どものうちに知ってはいけない。アナゴとバルサミコがすごく合ってる。

関 あー、喉が舌が贅沢を知ってしまった。もう帰れない。もう行きずり…。

勝 そんな風に人生渡ってきたのか。もう帰れないんだね。

関 勝谷さんエリンギどうぞ。

勝 そうやって、自分はフォアグラか!

関 まだ、ここまで粉もんがないです。

勝 じらされ、じらされ、じら

されるの好きでしょ。

関　じらす方が好きです(笑)。

岩手白金豚の豚玉お好み焼き

勝　はっきんとんです。さあ、いよいよじらされた挙句のお好み焼きです。王道の豚玉です。

関　食べます。うーん、見事です。ほわほわでキャベツとタネが融合してます。全てが重奏になって、ハーモニーを奏でている。私、お好み焼きを作るとき、ソースでごまかしてました。

店　生地をおいしく食べられるように、粗みじん切りにしたキャベツをバットに広げて水気を飛ばしてるんです。焼く時には、フタをして蒸らしてやわらかく仕上げます。

勝　これがこの店唯一のお好み焼きです。お好み焼き好きな関根さん、どうですか？

関　参りました。エレガントです。お好み焼きの貴婦人です。なにわのダンディズム、果てしない努力がわかります。

勝　関根さんがここまで言うお好み焼きがある店、探せるもんなら探してみ！

岩手白金豚の豚玉お好み焼き

三重県産サシ豚のロースト　ソースマディラ

data file
29

大阪市西区

フランス料理

美的センスあふれる料理
居心地のいい空間は
さすがのインテリアショップ

ダウンライトにモダンなテーブルと椅子、創業35年のインテリアデザイン事務所が経営するおしゃれな空間。手の込んだ素朴な料理に南アフリカ産ワインのコクが合う。

2008・6・10 放送

本日の担当
加藤明子アナ

加 実は私、結構出没してます。このあたり。
勝 誰と?
加 それは、まあ…。
勝 気になるなぁ。はい到着。
加 ここですか? 家具屋さんですよ。
勝 私たちの新生活のために家具でも選ぼうかと。
加 えっ、どういうこと!
(怒)
勝 そんなにイヤな顔しなくたっていいだろう。
加 だって、おいしいご飯食べたいんだもん。

オクラのフリットとロゼスパークリング

勝 2カ月に1回めぐってくる加藤ちゃんとのデート。
加 エアデートですね。
勝 なんでそういう冷たいことをいうの? 実質的なデー

生ビール……550円
スパークリングワイン…800円～
グラスワイン……700円～
ボトル……2800円～
オクラのフリット……420円
ゴーダチーズとリンゴのパナード……1050円
タイのポワレ 白ワインソース……2100円
三重県産サシ豚のロースト ソースマディラ……2650円
国産牛ホホ肉 ハチミツと赤ワイン煮込み……2580円

トじゃないか。

店 これは南アフリカのワインですが、味がはっきりしていて値段も手ごろなんです。

勝 南アのワインを飲みながら、お箸でオクラを食べる。

加 ふわっ、サクッの中に、ねっとり、楽しい食感。

勝 衣のふわふわと中のねっとりが口の中で合う。揚げてるというより素材を包みこんでいる。あえて胡椒も粗い。

加 天ぷらに通ずるものがあります。この素敵な雰囲気に素朴な味がいいですね。

勝 生活空間を提案している会社だから、まずこの空間があったんだろうね。天井が高くて声も響く、おしゃれな家具があって、デートするにはぴったりですね。どうせ僕はエアデートだそうだから、関係ないけどさ。

加 まあまあ、楽しみましょう（笑）。

勝 今さら…。教えてあげよう。家具を買う時は、処分する時のことを考えて買うんだよ。

加 勝谷さんの私生活に、何があったんでしょうか。あれこれ聞いてみましょう。

勝 いやいや。結婚を絶対的なものだと思わないように。家具は一生ものだから、思いつきで買っちゃいけないんだよ。男もそう。衝動的につきあったらダメなんだ。男もお試しできるといいのにね。

加 深いなぁ…。

ホタテのポワレ

はみだし情報 おまかせディナー 3990 円は、アミューズ盛、前菜、スープ、メイン、デザート、コーヒー or 紅茶。

ホタテのポワレ

加 解説します。フルーツトマトの上にアボカドとブロッコリー、さらに、プリプリの大ぶりのホタテがのっています。ソースは水菜です。

勝 一塵の風が通りすぎていったようなさわやかな味。

加 なんて繊細な美しさ。高い極みで洗練されています。

勝 まさに初夏の味。実はホタテは森が育てるんですよ。美しい森がある海でホタテは育つ。

ゴーダチーズとリンゴのパナードに白ワイン

加 ほんのり甘くて、口の中で消えちゃった。デザートみたいな組み合わせですね。

勝 さつま揚げみたい？

加 エアさつま揚げです。

勝 スフレみたいで、箸が止まらなくなるね。さいの目に切られたチーズとリンゴの味の組み合わせが、つまみとしてワインに合うね。

タイのポワレ　白ワインソース

勝 皮がおいしいんだよね。

加 じゃ皮食べていいですか。切りますね。

勝 …7割の大きさの方を持っていきました。

加 えっ、皮がおいしいって…。

勝 いいんだよ。食べてよ。

加 勝谷さんの分、すごく小さくなっちゃいましたね。ごめんなさい。でも、食べます！

ゴーダチーズとリンゴのパナード

カリッとしてる。脂ののった身です。働き盛りの男性って感じ。

勝 俺、俺。

加 ここにいました。そう勝谷さんみたいな感じかな。

勝 最近、加藤ちゃんに主導権奪われてる。タイって濃厚で難しい魚なんだよ。そのいやらしさを上手に取り除いて野性味だけを残すのがこのポワレという料理法。

加 イカもやわらかくて、思わず笑いが出ます。

勝 ヌーベルキュイジーヌの先をいってますね。これが、異業種コラボのすごさ、美的センスあふれるデザイナーの目にかなった味なんだね。

加 アフター5に誰かと来たいな。

勝 誰と？

加 今日の勝谷さんは、あれこれと聞きますねー。

三重県産サシ豚のロースト ソースマディラに、国産牛ホホ肉 ハチミツと赤ワイン煮込み

加 ホホ肉の繊維がなくなってる。噛む必要がないくらい。肉なんだか魚なんだか、一瞬わからない感覚だわ。グランメゾンといわれる店でも、なかなかこの域はないんじゃないですか。

勝 行ってんだそんなところに。誰と？

加 なんですか※。

勝 いやいや。僕はサシ豚を。ん、足が4本ある大トロって感じ。淡白かつ、旨みがある。北欧の家具は素朴だけど洗練されている。この店の料理にもそれが通じてるね。ここは女同士で来るのがいいよ。カップルだと家具を見て微妙な空気になりそうだから。

加 私はなりませんよ。

勝 …突き放された。いろんなアナと仕事してるけど、一番ソフトに見えて一番高ビーなのが加藤ちゃんだ。

加 そうですか？

勝 冷たいなぁ。デートとしては、最も悪いパターン。それぞれが独自に自分の皿のものを食べてる。シェアもせずに。

加 交換しましょうか。

勝 そういうことじゃなくて。

加 あーん、とか？

勝 いやいや。そう言いながら君、ひたすら食べてるじゃない。

加 未知の味だわ。まだまだ人生深いわー。乾杯。

勝 おやじがころがされてる。加藤ちゃんが将来のために家具を探してるかもしれないこの店。

加 まだ予定ないです（キッパリ）。

勝 探せるもんなら探してみ！

data file
30

大阪市福島区
ロシア料理
なぜかなつかしい味
立ち飲み風の店で食べる
ロシアの家庭料理

前菜盛り合わせ（ザクースカ）

料理を伝えるのは、ハバロフスク出身のナタリヤさん。酸味と甘味を生かしたやさしい家庭料理に、ロシア産のワインやウオッカのアルコール度数を忘れて、ぐいぐい飲んでしまいそう。

2008・6・24 放送

本日の担当
上田剛彦アナ

勝 今日は移転したばかりの、朝日放送新社屋からスタートです。

上 このあたりもおいしい店が多いです。すぐ近くにある店に行きます。

前菜盛り合わせ（ザクースカ）、キャビアとツアルスカヤ

上 きれいですね。

勝 ロシアは貴族文化だから料理も美しい。合わせてウオッカのツアルスカヤを。

上 いきなりウオッカですか。

生ビール……400円
ロシアビール（パルティカNo.3）……900円
ハウスウオッカ（ツアルスカヤ）……500円
グルジアワイン（グラス）……500円
前菜盛り合わせ……1200円
ピロシキ……150円
ボルシチ 黒パン付き……800円
ヴァリーニキ……600円
シャスリック……800円
骨つきラム マスタード添え……700円

右）キャビア。
サワークリームと合わせてパンにのせて
左）ピロシキ。
なかなか他では食べられない本場の味

僕こわれちゃいますよ。

勝 まぁまぁ、ザズダローヴィヤ（乾杯）。

上 甘い。するっと入る。たくさん飲んだら危険だ。どうにかなりそうだ。

勝 40度もあるんだ。おねえちゃんを連れてきたら大変だ。

上 キャビアがこんなにたくさん。値段が怖いです。

勝 新社屋になったことだし、どーんと経費をかけて。

上 ダメですよー。これ、自腹精算じゃないですよね。

勝 割り箸でキャビアを黒パンにのせてサワークリームを。

上 ほんのちょっと入れたニンニクが香り立ちますね。

勝 取材費でロシアに行くと、これが楽しみでね。こうやってスプーンでキャビアをすくう。「知らたま！」もようやくここまで来たか。

上 キャビアってほとんど食べたことないから、味がわからない…。

勝 キャビアにもよるわな。カスピ海のキャビアはチョウザメ。ABCの取材費では無理。これはニシンのキャビアだから800円。これが庶民の味。

上 安心しました。このビーツは酢漬けかな。サロはベーコンみたいなのを想像してたけど全然違いますね。香り高くて生ハムみたいです。

勝 薬味がきいてるね。ウオッカが進む。今日のエンディングでふたりはどんなになってるでしょう。ロシアはヨーロッパに憧れて、貴族文化を持ち込んだんだ。そしてロシアの宮廷で更に洗練された。一方で、労働者はそうではなかった。

上 へー、そうなんですか。これ、ハラゲーツって、にこご

はみだし情報 火曜から金曜のランチタイムは、ボルシチとピロシキなどのセットメニューが500円とは驚き。

りですね。一瞬ツナかと思ったけれどチキンとポークなんですね。不思議な味だ。ウオッカがおいしすぎてやばい。僕度数下げます。

ピロシキとグルジアワイン

勝 ピロシキと言えば関西では昔からパルナスのCMでおなじみ。

上 そうなんですか。僕関東だから知らないです。初体験です。これお土産に持って帰りたい。

勝 持ち帰りできるらしいよ。ABCに持ち帰ったら、上司の堀江さんの査定が上がるかもよ。グルジアワイン、濃厚です。

上 ウオッカ飲んだせいか、水みたいに軽く思える。でも、干しブドウから甘みをとったような濃い味です。

ボルシチ

上 すごいキレイ。まぜて食べるんですね。やさしい味ですね。

店 キャベツ、ポテト、ビーツ、野菜がたっぷり入ってます。ロシアでは医者をしていました。体にいいロシア料理を日本の皆さんに知ってほしいです。

勝 野菜から出てるダシですね。ベースはビーツ、さとう大根の甘みだから酒が飲める甘さ。体にすーっと溶け込むやさしさだね。洗練された上品な味はさすがドクター。

店 家庭の味ですよ。肉を6時間、さらに野菜を加えて4時間煮込みます。

勝 肉でフォン・ド・ボーを作って、野菜で味を上書きしてる。そうそう、堀江さんはグルジアワインが大好きだからここを案内してあげなよ。

上 これで査定がまた上がるかな。こんなに料理がおいしいなら、ロシア語勉強しようかな。

勝 お前は、絶対おねえちゃんにひっかかるよ。

上 北の人は情に厚いんですよね。

ヴァリーニキ

上 皮がすごくもっちり。カボチャとクリームチーズとアメリカンチェリーが別々に入っている。ブルーベリーとサワークリームを添えて食べます。

店 時季によって具は違います。

勝 お菓子とおかずの間みたい。

上 甘い、カボチャです。カボチャ。

勝 なんだよ、カボチャ、カボチャって。何もコメントしてないのと同じだろ。

上 食べたらわかりますよ。

ボルシチ。ビーツの控えめな味

勝 ん、カボチャだ（笑）。

上 女の子に、これデザートだよ。でもワインに合うよって言える。

勝 上司でもおねえちゃんでも、活用できる店だね。さしつさされつロシア居酒屋だー！

シャスリック（グルジアバーベキュー）

店 元々は、剣に野菜や肉を刺して焼く野戦料理です。白ワインをまんべんなく塗っていきます。グルジアは古くからワインの産地なんです。焼けたら特製のタレをつけて食べてください。

上 次に白ワインを塗って、さらに焼くんだ。タレがピリッとしてますね。これも野菜のソースですか？　何が入ってるんですか？

店 バジル、パセリ、ハチミツもたっぷり入ってます。グルジアは世界一の長寿国です。

勝 後期高齢者医療制度なんてないんだよ。きっと。

上 肉にこのタレをつけると、甘くてすっぱい、肉の旨み。

勝 トルコのドネルケバブ風だけど基本は甘いね。焼いても表面がかたくない。あーこれでシメるつもりだったけど、ラムも焼いてください。

骨つきラム マスタード添えとプラズニチナヤ、ストロチナヤ（共にウオッカ）

勝 ラムのいい香り。戦争に行く時に羊を連れて行って、食べてから戦ったらしいよ。

上 位置的にも文化の交差点ですね。ロシアはおいしい。

勝 次は違うロシアウオッカをもらおう。

上 ラムは手づかみで、ソースをたっぷりつけて。わ、鶏のササミが凝縮されたみたいな上品な味ですよ。

勝 マリネしてるんですね。ラムの脂がウオッカですっと切れる。

上 ウオッカが水みたいに思えてきた。僕やばいかも。

勝 ＡＢＣ新社屋の下でひっそりと咲く素晴らしいロシア料理店。探せるもんなら探してみ！

スタジオにて

須田 上田さんははじめてだって言ってたけど、昔、学生運動が華やかなりし頃は、ロシア料理店が多かったですよね。こういう店ではロシア文学とかを語ってほしいね。

勝 読んでないでしょ。

上 はい…。

data file
31

大阪市東淀川区

軍鶏《しゃも》料理

下町で見つけた！純血原種の軍鶏料理 その味わい深さに脱帽

2008・7・8 放送

カウンターの奥ではダイナミックに炎が上がり、宮崎から毎日空輸される地鶏の滋味豊かな味わいに期待がふくらむ。軍鶏は、闘鶏用の飼い主からの独自ルートでしか入らない。まさにここでしか味わえない幻の味。

本日の担当 堀江政生アナ

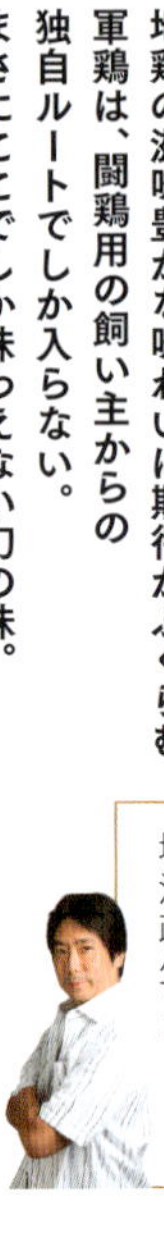

軍鶏肉刺身盛

軍鶏肉刺身盛と杉錦

〈ムネ肉〉

堀 歯ごたえと弾力があります。

勝 食べるために飼育された鶏と違って、ケンカする鶏だから。

店 はい。闘鶏用の鶏です。

勝 戦った果てにこうなった。

店 いえ。弱い鶏がここに来ます。強い鶏は闘鶏に行きます。

〈モモ肉〉

勝 これが鶏ですか？ 噛めば噛むほど味が出てくる。獣を食べてる感じ。ジビエだね。野生の鶏だ。これには杉錦くらいしっかりした酒がいい。

堀 味が深いですね。酒飲むの忘れてた。ダメだもう鶏肉見ると興奮しちゃって。

勝 藻塩をつけるんですね。海草と一緒に煮詰めた、風味豊かな塩ね。

軍鶏内臓刺身盛合せ

堀 レバーの血生臭さがない。

勝 細胞がつぶれずにピンと立っているのが、切り口でわかります。

堀 ココロはしっかり身がつまっている。浅漬けのキュウリみたいにシャキシャキ。

gibier（ジビエ）
狩猟によって得られた野生の禽獣もしくはその肉を指す

生ビール……500円
呉春……600円
軍鶏肉刺身盛……1500円
軍鶏内蔵刺身盛……1350円
ソリレス刺身……600円
ソリレスの炙り焼……800円
焼き軍鶏 大……1200円
シャモスープラーメン……450円

右）ソリレスの炙り焼。
噛み応え抜群、にじみ出る味わい
左）シャモスープラーメン。
あっさり温かいスープをシメに

ソリレス刺身

勝 惑星ソラリスが来た。

堀 そんな名前の野球選手がいましたね。

店 1羽にゴルフボールくらいのがふたつあるだけです。これで1.5羽分です。

堀 おいしいね。覚えにくい名前だけど、覚えとこ。

勝 直球で来る味です。

堀 豪速球です。しかし、この醤油がいいですね。ちょっと甘くて。持って帰りたいくらい。

勝 完璧に仕事忘れて食べてますよ。堀江さん、本当に鶏が好きなんですね。

ソリレスの炙り焼

堀 軽く炙ることで味も食感も変わるんですね。やわらかさが増しましたよ。芸術だね。

勝 牛丼食べるみたいに鶏を食べてるよ。

堀 おいしい。止まんないよ。牛のヒレをもっと上品にした味です。

勝 さすが、惑星ソリレス。って言ってると、本当に惑星ソラリスって言わないといけない時にソリレスって言っちゃうんだよね。野球中継でソリレスホームラン！って間違って言わないように。

堀 焼き鳥中継しましょう。鶏が網に入りました！　左右を入れ替えました。タイミングを計っています（笑）。

肝の塩あさ焼きと呉春

堀 焼くというより炙る、ですね。甘くて濃厚って感じ。

勝 少しゴマ油を使ってますね。素材はもちろんいいけど、技を使った料理法ですね。

堀 箸で持つと崩れそう。でも崩れない。よく見つけましたね、この店。感謝します。

勝 鶏アナに誉めてもらいました。

焼き鳥各種

堀 俺このために生きてたかも。串半分食べていいです？

勝 全部食べていいよ。

堀 肝のタレ焼は刺身より密度が濃いですね。このなんこつは生野菜みたいな感触。ヒップですね。お尻いいわぁ。

勝 放送では使えないコメントだね。堀江さんは鶏を食わせると壊れてくることがわかりましたね（笑）。

シャモスープラーメン

勝 これは贅沢ですよ。軍鶏でダシをとってるんだもの。

堀 淡白でやさしいラーメン。

勝 この軍鶏達、たまたまケンカが弱かったばかりに。

堀 人生負けも大事だよね。

勝 負けて覚えることもある。これを食わずして鶏を語るべからず。

勝 **堀** 探せるもんなら、探してみ！

はみだし情報　宮崎地鶏は毎日空輸されるが、軍鶏の入荷日は変動する。

data file
32

大阪市中央区
ワイン居酒屋
ワインありきの魚料理は和洋折衷、組み合わせの妙技カジュアル気分で飲みつくしたい

アナゴ

昭和の純喫茶を思い起こさせる不思議な雰囲気が妙に心地よい。半地下のワインセラーには、選びぬいたワインが貯蔵され、黒門市場の実家から仕入れる新鮮な魚と、和洋さまざまな素材との思いがけない出合いから新たな味が展開される。

2008・7・29放送

本日の担当
加藤明子アナ

旬の魚のぬた和えとスプマンテ

勝 フレンチでもイタリアンでもない不思議な雰囲気。

店 居酒屋です。ポルトガルやイタリアの店でワインをがぶがぶ飲むように、心地よくメロウに酔ってもらいたくて。実家が魚屋なので、ワインに合う魚介類をお出ししています。

勝 お箸で料理を食べてワインを飲むと、マスターの言う、がぶがぶ感がわかるね。

加 セロリの西洋的な香りがほどよく主張して、ウオゼを引き立ててますね。

勝 和食屋のぬたじゃないね。

加 だからワインに合うんですね。

勝 おいしい。手酌でおかわり。あ、マスターが言うように居酒屋みたいだ。

加 酢味噌とシャンパンが合うとは。

勝 ひとりで家で作りな。

加 当分ひとりだわ…。

きずしと白ワイン

店 京ネギとケッパーを一緒にどうぞ。

加 和洋折衷の味。香味野菜の風味のあとに脂ののったアジ、そしてケッパーがピリッ。

勝 皮の下の脂の旨みをネギとケッパーがひき締めて、の

生ビール……600円
グラスワイン……600円
スプマンテ（375㎖）……2500円
旬の魚のぬた和え……1200円
きずし…900円
サワラの味噌漬け、焼きリンゴ……1200円
アナゴ……1800円

右）サワラの味噌漬け、焼きリンゴ
左）きずし。
こんがり焼いた皮になめらかな酸味の身

ん兵衛を飽きさせない味。

剣イカのアンチョビー和え ブドウ添え

店 ブドウは合間に口なおしとしてどうぞ。

勝 不思議な取り合わせ。

加 アンチョビーにブドウって、ぜんざいに塩状態ですね。

勝 ブドウがブリッジになって、よりワインの強さ、猛々しさを感じるね。

加 マスターの計算がすごい。手のひらで踊らされてる感じです。

店 アンチョビーは自家製です。魚の脂の加減に合わせて塩をして、半年かけて作ります。

勝 イワシの味が強く残って魚醤っぽい。たんぱく質のいい味です。

サワラの味噌漬け、焼きリンゴ

店 リンゴとサワラを一緒に食べてください。

加 え、めちゃめちゃ合う！

勝 パサパサしがちなサワラをリンゴがくるんで、しっとりさせてる。フランス料理はソースをからめることで味を引き立てる。日本料理は組み合わせで味を引き立てる。

店 はい。このリンゴは、バターで焼いて、ブランデーでフランベしていますので、アップルパイにもできます。

勝 お菓子の要領でアップルパイ、和食の要領で焼き魚、その両方を組み合わせるとは。

アナゴとプロセスチーズにシラース（赤ワイン）

加 アナゴが「俺を見たか！」って言ってますよ。キューリもいい脇役です。

勝 この組み合わせを見つけた時はどうでした？

店 もう小踊りですよ。このチーズの安物感が合うんです。

勝 あなたね。カメラが僕を撮ってるすきに、どんどん飲んでるね。前はこんなに飲む子じゃなかったのに。

加 すみませーん。

勝 いい気分で私はこのあと、加藤ちゃんと…。

加 そう言いながら、実はすぐにどこかに消えるんですよ。

勝 ひとり寂しく、コンビニに寄って帰ります。

加 人生わからないもんですね。こんなすごい店に出会えるなんて。

勝 ありそうでない。加藤が常連になるだろうこの店、探せるもんなら探してみ！

ホルモン味噌鉄板焼き

data file 33

大阪市天王寺区

もつ料理

コースのようにあれこれと おしゃれなカウンターで 親子で作る創作ホルモン料理を

朱色のカウンターで供されるホルモンは、素材のよさに家庭料理のやさしさを加えた味。生で、焼いて、煮込んで、揚げて、それぞれに異なる旨みがあふれ出る。めずらしい焼酎や日本酒と共に、ゆっくり飲んで食べて、素敵な雰囲気を堪能。

2008・8・26 放送

本日の担当 上田剛彦アナ

焼酎心水《もとみ》と芋

勝 「知らたま!」で1番の飲み助と焼酎で乾杯。

上 乾杯。モダンでおしゃれな店ですね。

勝 君と来る店じゃないよね。加藤ちゃんとだったら…。

上 やっぱりそんなふうに思ってたんだ。

生レバー・ココロ盛合せ

上 生レバーには、少しゴマ油をつけてと。シャキシャキしてますね。

勝 さわやかな風が吹き抜けていくようだ。レバーってほんと、果物っぽいよね。

上 ココロはさらに甘くてドライフルーツみたい。

勝 すごい上質の赤身から脂肪のいやらしさを取り去ったような。内臓のアスリート王! 一番動いているところだからね。

上 心臓が止まったら大変だ。レバーは時々休んでるんですね。

勝 君の肝臓は休んでないけどね。

上 ほっといてください(笑)。

テールのしぐれ煮のせ冷奴

上 豆腐がもっちりして甘くて、上にのってるテールのコクと合ってます。

勝 しぐれ煮のこの繊維が

テールならではですね。これだけだとちょっと脂っぽいから、お豆腐に合わせるとちょうどいい。生姜がピリッときいてやさしさが伝わる味だね。家でこんなのが出てきたらほっとするね。

ホルモンの天ぷらと黒薩摩、月の中

店 ポン酢に一味、またはアンデスの塩でどうぞ。

上 じゃあ、まず塩でいきます。すごい量の甘い脂が出てきます。でも、さっぱりしてますね。ジュースみたいな感覚です。

勝 コットンにすごくおいしい脂をしみ込ませたような…。

上 そしてコットン自体は溶けて消えてしまう。

店 ポン酢の場合はたっぷりつけてください。

上 ポン酢につけると逆に脂との比較が引き立ちますよね。

勝 欲望すべてを刺激する！やっぱ材料がいいんですね。

店 この仕入れ先がなかったら、うちはこの店をやってないですね。夫の出身地、広島にホルモンの天ぷらがあって、私にとってホルモンといえば、天ぷらだったんです。フグの白子みたいって言う人もいます。

上 納得です。

ホルモンの天ぷら

生ビール……500円
焼酎…500円～
心水……700円
芋……700円
生レバー・ココロ盛合せ……1200円
テールのしぐれ煮のせ冷奴……600円
ホルモンの天ぷら……1000円
ホルモン味噌鉄板焼き…1000円
肉めし石焼……800円
和牛テールスープ……1500円
モツ鍋（一人前）……1000円

はみだし情報 料理に合うように厳選した、20種類以上の焼酎が並ぶ。

ホルモン煮込み

上 あ、これも口の中ですぐに脂が消えた。でも旨みが残ってる。綿アメみたいに消えるなぁ。いっぺんにたくさん食べよ。

勝 お前、口いっぱいにホルモン…。じゃ俺も。味付けもシンプルで、この脂自身が素晴らしい!

上 味噌の風味よりホルモンの甘さが立ってますね。手間かけてますね。

店 味噌に手間と時間をかけてます。煮込みにはそれほど時間をかけてないんです。

勝 今日はずっと直球の料理ですね。

ホルモン味噌鉄板焼きと宝山《ほうざん》 蒸撰白豊《しろゆたか》、宝山 蒸撰綾紫《あやむらさき》

上 想像と違う味です。なんて言ったらいいのかわからないですけど…。

勝 アナウンサーとしての仕事を捨てたな。

上 もう伝えるのやめたい。天ぷらと同じ小腸がまたしてもすごくおいしい。

勝 そう開きなおられてもな…。

上 あとのコメントは勝谷さんにおまかせします。

勝 素朴な女性が美しいドレスをまとった時に、どんなに美しくなるかというたとえだね。ニンニクとか一味で味を加えてるのではなくて、素材の旨みですね。

上 この汁にご飯を入れて、おにぎりにしたい。

店 ご飯をまぜたメニューもありますよ。

肉めし石焼、和牛テールスープ

上 まず肉めしだけで食べます。何というゴボウの香り。そしてここに卵とキムチを入れて。

勝 人に作らせといて、何しゃべっとんねん!

上 仕事してます。実況です。すごいですねー。ジューッて音がしてます。今まさに、キムチと卵が入って、勝谷さんがすばやくかきまぜています。

勝 はい。できたよ（怒）。

上 いただきまーす。何か間

違ったような気がする（笑）。

勝 これは肉のすごさだわ。まさに肉めし！　普通のビビンバとは全然違いますね。肉の力の原点がこのスープだと思うから、飲んでごらん。

上 ココか〜。

店 （笑）。

勝 ここまで我慢してこられたお母さんが、失笑をもらしました。

上 しっかりとしたお肉の味を食べました。

勝 テールの旨みっていうのは上品ですね。最近飲んだスープの中でベストだね。高級だ。スープにしっかり肉の味が移ってて、しかも濃すぎない。

店 岩塩を仕上げに入れています。さっきのとは違う味の岩塩です。

勝 塩気じゃなくて、塩の旨みが強いんだね。岩塩だから今から何億年か前の海を味わってるわけです。高級だね。人生は選択と集中。この店は本当に大事なことは何かがわかっている。それに集中してやっていくっていうのが、全てにおいて大事なのよ。

上 やっと、「知らたま！」っぽくなってきた。これまで普通のグルメ番組みたいにやってましたもんね。

勝 俺はずっとちゃんとやってきたんだけどね。素敵な親子がやってる店。探せるもんなら探してみ！

肉めし石焼と和牛テールスープ。
旨みがたっぷりの、うしお汁のようなスープ

data file
34

吹田市 フランス料理

ワイン片手に 男がロマンを語りたくなる ダイナミックかつ繊細な味

ガレージのような店内に車のパーツが無造作に置かれ、大人の男性が少年時代に戻って、無邪気にすごせるような空間。新鮮素材の組み合わせに、ピリッと利いた味のアクセントが、ワインを進ませる。

本日の担当
堀江政生アナ
乾麻梨子アナ

乾 あれ、堀江さん!

堀 先回りしました。ここは私が紹介した店です。

乾 なんかフレンチっぽくないワイルドな雰囲気ですね。

勝 ロータリーエンジンにポルシェのバンパー、男心をくすぐるグッズが飾ってあるね。

店 いらっしゃいませ。

勝 お、久しぶり。

堀 え、知り合い?

勝 そう、「知らたま!」第1回の店でね。当時は屋台みたいな店でしたよね。

店 今も似たようなものです。ガレージですから。

堀 ガレージが落ち着く人もいるのよ。

勝 そう、家の中に居場所がなくてね。

堀 僕じゃないですよ。

勝 看板にハレンチレストランって書いてあったけど、なんで?

店 フレンチ出身なんですが、お皿の上に色気を表現したくて、あえてそう名乗ってます。

勝 すごい腕の持ち主なのに、はずかしがりというか、相変わらずちょっとひねってるね。前はお好み焼きとフレンチの店だったし、ストレートに行けばいいのに。

Stefano Lubiana 1999

勝 これまでのワインの中で一番高い。堀江さん、ごちそ

2008・9・9 放送

モンサンミッシェルのムール貝のスープ仕立て

生ビール……550円
グラスワイン……650円〜
Stefano Lubiana 1999……11000円
モンサンミッシェルのムール貝のスープ仕立て……2300円
砂肝と白ネギのラグーヴィネガー風味……800円
サバのエスカベッシュ……700円
マダイとブロッコリー、ハマグリのブレゼ、あおさ風味……2300円
豚三枚肉の赤ワイン煮3時間54分00秒……2000円

サバのエスカベッシュ。
タスマニア産粒マスタードのトッピングが味のアクセントに

うさまです。

堀 先に帰ろう。

乾 財布を置いて帰ってくださいね（笑）。

サバのエスカベッシュ

勝 前はおいしいしか言わなかった乾が何と言うんでしょうか。上司が横にいるしね。

乾 お酢で締めてて、全体がまろかや。

堀 洋風ですね。野菜の味が強くて、酸っぱさがあとから来る。

勝 ちょっと中華に引っ張るようなね。隠し味は何だろう。

堀 上司が横にいては、しゃべりづらいだろうから、あっちに行きます。（堀江さん別の席へ）

勝 きっと仕事を離れて飲みたいんだよ。では、乾にワインをついでもらいます。

乾 緊張します。

勝 日本酒じゃないから、そんなになみなみと入れなくても…。

乾 すみません…。

堀江「乾がご迷惑をかけてすみません」

はみだし情報 日替わりランチは前菜・本日の炭水化物・ドリンク又はソルベ（1000円）の他に1500円、2500円のコースもある。

モンサンミッシェルのムール貝のスープ仕立て

乾 手で食べていいですか？フランスの味がする（笑）。めちゃくちゃおいしい。とろけますね。

勝 ムール貝は煮すぎるとかたくなるんです。これはちょうどよいやわらかさだ。

乾 スープがフュメドポワソンみたい。（器ごとスープを飲む）

レース用ポルシェのバンパーが飾られている

勝 器から直接飲むのは日本だけね。はい、スプーン。

乾 すみません。セロリがいい香りです。

勝 野菜から出る旨みが、本当に上品。ターメリックの風味がうまく使われてるね。

乾 パンをスープに浸して食べるとおいしいですね。こういうふうに手で食べる料理は、初対面の人とでも打ち解けますね。

勝 海の家にいるみたい。

乾 海外のビーチで、「君、どっから来たの？」「日本からです」みたいな。

勝 何言ってんだよ。危ないなぁ、君は。

乾 例えばの話ですよ。

砂肝と白ネギのラグーヴィネガー風味。
やわらかい食感のあとに砂肝の風味が蘇る

砂肝と白ネギのラグーヴィネガー風味

乾 レバーみたいにやわらかい。

勝 秋の朝に落ち葉を踏んだみたいなクロワッサンと一緒に食べる。砂肝を煮るのは難しいんだけど、これは肉としてうまいね。クロワッサンのバターの旨みと相乗効果が出てる。

乾 トリュフがたまらない。心地いい味ですね。

勝 はかない味だね。

乾 でも、口の中で、しばらく香りを楽しめます。

勝 いい表現だね。調教しがいがある。

乾 Buon profumo!（ボンプロフーモ。イタリア語でいい香り）。飲み込むのがもったいない、シャンパンがおいしい！

勝 開発されてきたね。

マダイとブロッコリー、ハマグリのブレゼ、あおさ風味とシャルドネ（白ワイン）

乾 まったりと樹液を飲んでるみたいなワイン。料理の自然な味に合いますね。

勝 マダイに青のりを加えたのが、この店のすごさ。お好み焼きに使ってた青のりがきいてるね。これが、フレンチじゃなくてハレンチたるゆえん。ハレンチっていうのは華やかってことなんだね。

乾 バカンスに来てるみたい。

勝 ちゃんと仕事してよ。

乾 バカンスみたいに開放的に仕事します。私の中では、勝谷さんとアバンチュールです。

勝 君、意味わかってないでしょ（苦笑）。僕はアバンチュールはしてないよ。

乾 え、アバンチュールってどういう意味ですか？

勝 情事！

乾 キャー！

豚三枚肉の赤ワイン煮 3時間54分00秒

勝 このネーミングで思い出した。前の店でも同じようなネーミングで金箔が泳いでた。

店 私の店の名物です。こってりしたワイン煮とキャベツの蒸し煮のマイルドさを合わせて食べていただく料理です。

勝 もうハレンチとは言えないね。ハレンチなのは乾だ。これから乾ハレンチと呼ぼう。

乾 やめてくださいよ（泣）。お肉がほろほろしてる。

勝 キャベツとホワイトソースが、肉の脂が落ちた部分を補って高度な味になっている。

乾 お肉が口の中で楽しませてくれます。こんな気分です。

勝 俺もやってみよ（笑）。ハレンチレストラン界のF1、探せるもんなら探してみ。

乾「おいしくてこんな気分です」

桜エビと枝豆のかき揚げ

data file

35

大阪市中央区

天ぷら

素材のよさが決め手
アジアの風に吹かれて
カジュアル天ぷら

炭火焼き鶏肉の香ばしさ、新鮮野菜の甘さ、一品料理の深い味にしびれて、なかなか天ぷらにたどりつけないほど。メインの天ぷらはサクサク軽い食感に秘密の味付け。気取らずに注文できるアジアンテイストの店。

本日の担当
加藤明子アナ

2008・9・30 放送

生酛《きもと》のどぶ

加 うわぁ、早く飲みたい。

勝 料理を待って乾杯しようと思ったけど、加藤ちゃんにそうつぶやかれるとクラッときちゃう。早くカメラ回せって言いたくなりますね。

加 すみません。

勝 いいよいいよ。飲もう。乾杯。

加 乾杯にもってこいの味ですね。

勝 日本のシャンパンです。しかし、君は変わったね。

加 はじめは飲めなかったですからね。これを成長というのでしょうか。この店、お酒の陳列がすごいですね。

勝 ここのお酒は私が評価します。店の間口が広くて、開け放たれたドアやテラスから風が通るのがいいんだ。この前来た時は、スコールがきて、東南アジアみたいな雰囲気も

生ビール……480円
焼酎……450円
日本酒…450円
焼き松茸……880円
手長タコのうま煮……580円
泉州蒸しワタリ蟹……780円
肝串あぶり……1本200円
活ハモの天ぷら……680円
桜エビと枝豆のかき揚げ…480円
温泉卵の親子丼……680円
天ぷら……150円～

焼き松茸。
香ばしい焼きたてを塩でひと口

また、よかった。

焼き松茸

加 うわぁ、大きい。初物です。いただきます。芳ばしい香りが鼻にぬけます。

勝 焼きたてがうまい。ひと口ごとにしっかりした味が広がるね。ポン酢をつけなくてもいいかも。

加 しかも私でも払える値段です。

手長タコのうま煮と天青

勝 茅ヶ崎のお酒ね。海の近くの酒には海の料理ね。

店 お酒は時季に合わせて蔵元から届きます。

勝 タコの冷や鉢で、これだけの味があって生臭さがないっていうのは、素晴らしい。これを作れるようになったら、君も一人前。

加 まずは食べて味を覚えるところからはじめないと。

勝 こんな贅沢なレッスン受けてる人いないよ。

加 ほんとですね。冷やしたタコの身の弾力がある中に味がしみてます。これに日本酒がベストマッチ。

勝 今まではワインに合う料理が語られていたけれど、これからは日本酒に合う料理を語る時代だね。素材のよさを生かして、技を加える。できそうでできないもの、それが創作料理。冷やしてこのタコの味はすごいよ。贅沢な料理だ。

はみだし情報 冬には鍋のコースも登場して、宴会もより盛り上がる。

泉州蒸しワタリ蟹と白菊

加 もう、至福の極みですね。「海から上がってきました～」っていうそのまんまの、なめらかさ、おいしさ。

勝 たまらんね。

加 これは蟹の子ですか？　小さな卵が得もいわれぬ食感ですね。

勝 きな粉みたいな細かさの食感も含めて大阪湾の味ですな。

加 能登の酒、白菊は舌をくるんでくれるお酒。

勝 ワタリ蟹に白菊が合うね。ここなら僕、いつでも自腹で連れてきてあげる。

加 本当ですか～。

勝 誘ってもどうせ来てくれないし。

肝串あぶりと而今《じこん》

勝 伊賀上野の酒。

加 看板女優って感じの風格ですよ。急にジュリアナのステージに上がっちゃった気分。

勝 えっ？　あのジュリアナ？

加 華やかなバブル時代みたいな味。

勝 すごいことを言えるようになりましたね。この酒に合わせるのはレバー。

加 皮1枚だけパリッと炙られたくらいの焼き加減ですよ。焼き鳥屋さんでもないし、高級料亭でもないのに、この味。

温泉卵の親子丼。
しっかりした肉の味がシメにぴったり

勝 高級料亭、行ったことあるの?

加 ないですけど（笑）。

勝 浅めの焼き加減で、中がぬるいんだよ。ぬるい時こそ舌は味を感じるんです。

加 舌の温度と同じくらいです。

勝 加藤ちゃんの舌の温度って…。

加 えっ…。

活ハモの天ぷらと 松露104号、幻の露

加 いい具合。身が厚い。抹茶塩でいただきます。

勝 ここは天ぷらの店だもんね。ようやくメインにたどりついた。

加 味付けが添え物?って思えるくらい、豊かな素材ですね。

勝 ハモに歯ごたえがなくて、ふわっとした感じ。こういう店に連れてきてくれる男はどうよ。

加 いいんじゃないですか。お店の雰囲気もおしゃれだし。

勝 ここでしっかり食べて飲んで、次行こうか…ってね。

（加藤無視！）

枝豆とあさりのかきあげに あやかし福助

加 天つゆでいきます。衣が引き立て役で、これでもかっていうくらいの素材の旨み。

勝 僕は塩でいこう。枝豆の旨みが閉じ込められたヌードそのものって感じ。

加 豆がさっぱりしてて、新たなスタートとして、また飲み続けられるわ。

温泉卵の親子丼

加 温泉卵がプルプル！ 割らせていただきます。わぁ、おいしそう。嬉しいなぁ。

勝 酒飲みの食べたい気持ちを考えた味だね。鶏の味が本格的でアテにもなる丼。

加 至福の極み。あとひく〜。炭水化物は控えようって思ってても、これは食べたい。

勝 普通今頃さあ、「なあ加藤今からどうする?」とかって雰囲気になるじゃん。

加 今そういう場面ですか? でも私やっぱり色気より食い気だわ。

勝 断言されました（泣）。今日もおいしいご飯が食べれてよかったね。探せるもんなら、探してみ！

スタジオにて

堀 店のたたずまいが、天ぷら屋さんじゃないみたい。

須田 僕も天ぷら好きなんですけど、一番腹がたつのが、眉間にしわ寄せたおやじがシーンとした店の中で揚げてるの。暴れたくなっちゃうんだよね。こういう開放的な店で天ぷら食べるのっていいね。

茄子の香り揚げ

data file 36

尼崎市

中国料理

京劇のシーンのように華やかに登場する下町中華はまるで炎の舞

油を吸わせず、表面サクッ、中トロリ、ナスを扱わせたら日本一かと思わせる主人は、中国、京劇の役者出身。素早い身のこなしで作られる高級薬膳に本格中華が、手軽な晩ご飯にできる下町の贅沢な味。

本日の担当 関谷友実アナ

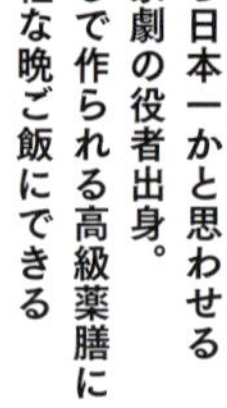

2008・10・14 放送

勝 今日は尼崎の山の手、国家要人御用達セレブの店です。

関 え、下町っぽいですよ。

勝 胡錦濤国家主席が来日する前に調べたというすごい店。

関 えー！

勝 嘘、嘘、勝谷医院御用達。

関 ラーメンののぼりが出てますよ。本当にセレブの店？

勝 見なかったことにしよう。

前菜二種盛

勝 尼崎が誇る薬膳料理の店で、勝谷家の健康を支えてくれてる。前菜は自家製チャーシューと貝柱のサラダ。これが680円。他の料理もボリュームがあって安い値段。メニューも豊富なんだよ。

関 なんですかあのボトル？

勝 冬虫夏草酒。ガの幼虫にキノコが生えたものを漬け込

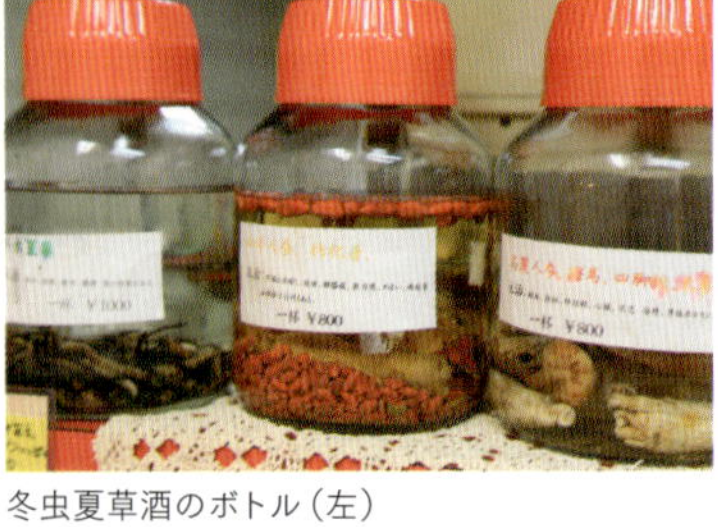

冬虫夏草酒のボトル（左）

生ビール……525円
紹興酒
…グラス504円
ボトル1890円
前菜二種盛……680円
水ギョーザ……504円
茄子の香り揚げ……819円
薬膳大エビのマヨネーズ炒め……1955円
板春雨の炒め……819円
松の実とクコの実粥……819円

水ギョーザ。
中からあふれる肉汁の旨みが絶品

んでるんだ。

関 キャー！

勝 精力絶倫！ 滋養強壮にいいんだって。今はほとんどとれないから金より貴重。

関 見ないでおこう。

勝 ま、気をとり直して料理を食べよう。

関 キュウリのざくっとした感じがいいですね。海鮮の旨み、ダシの旨み、いろんな旨みがまじっていて、すごい。チャーシューはお肉と脂がほどよいあんばいです。

勝 きっと素材は普通なんだよ。でも技術がすごい。やわらかくて、あっさりしてるのに味はしっかりついてる。

関 おいしい。

勝 やっと給料もらった夫婦が食事してる感じだね。

関 お父ちゃん、今月もご苦労様。おいしいね。ってね。

勝 銭湯帰りの気分でね。

水ギョーザと紹興酒5年

勝 紹興酒は常温がおいしいんですよ。水ギョーザは皮から手づくりです。

関 皮がもっちりして、やさしい味が心にしみる。

勝 旨みの詰まった透明なスープが出てくる。

関 上品な旨み汁ですね。ざく切りのお肉の味わいが深い。

勝 ニラもエビも入って、ひとつの宇宙だね。大阪ではホテルに泊まらず、ここでご飯を食べて、ひとりでチビチビ飲んで、実家に泊まるのがい

はみだし情報 ランチは酢豚、カラアゲ、カニ玉炒めがついた定食が890円、日替わり定食は680円から。

いかもしれないな。

関 誰か作ってくれないんですか?

勝 ほっといてくれ。どうせひとりだよ。

茄子の香り揚げ

関 衣がついたフライドポテトみたいな形です。これがナス? ありえないおいしさ。どうやって作ってるんだろ。

勝 旨みがつまってて、サクッとした歯ざわり。

関 聞かなかったら、素材が何かわからない。

勝 地元じゃなきゃ見つけられなかった店だね。

関 青い鳥は近くにいるんですよね。

勝 なかなかいないんだよ、僕の周りには。

関 女の人のことじゃないですよ。

勝 尼崎市と鞍山市《アンシャン》が友好都市なんだって、今度アヤポンを連れてきてあげよう。

関 尼崎の白井市長のことでしょ。

勝 小学校の同級生なんだよ。

薬膳大エビのマヨネーズ炒め

関 このナツメって、貧血、強壮、血液浄化、精神安定にいいんですって。

勝 更年期にぴったりだよ。

関 私はまだです。子どもが好きそうな庶民的なマヨネーズが、大人向けの濃厚な味になってる。

勝 ジャンクなんだけど、上のレベルに昇華させてるね。イチローとキャッチボールして、イチローが軽く投げたのに、こちらは体をはってバシッと受け止めた、みたいな。

関 ほどよい辛みもある。

勝 ナツメが入るとまさに薬膳。ご飯が欲しくなってきた。

店 生のナツメも食べてみますか?

勝 めずらしいね。臭いを防ぐために中国ではトイレに行く時に鼻につめたんだって。

関 入らないですよ。

勝 入れなくていいよ(笑)。

関 青リンゴみたいな食感で、すっぱくておいしい。

板春雨の炒め

関 いい食感。ひらぺったいこれが春雨なんですか?

勝 ごま油とかすかな酸味、野菜と肉の旨みがいいね。

関 胃にもたれないですね。

勝 ざくざく食べて、お腹いっぱいやから帰ろか、みたいな。家の近くでリラックスして飲む感じだね。

関 ひとりでね。

勝 なんだよ、ひとりひとりって。

関 すみませーん。

勝 ご主人、この店はいつごろから?

板春雨の炒め

店 もう16年になります。中国では、12歳から京劇の役者をやってました。
勝 それがどうして日本に？
店 妻の母親が、残留孤児だったんです。
勝 20年ほど前に、たくさん帰国されましたからね。お母さんの出身は日本のどちら？
店 わからないんです。
勝 そうなんですか。でも、なぜ役者が料理の達人に？
店 京劇の公演で中国全土を回るので、行く先々でいろんな料理を食べて、作り方を覚えていました。
勝 表現という意味では、劇と料理は通じるところがあるんだね。でも、日本に来るのは勇気がいったでしょう。
店 覚悟を決めてきました。住みやすい国ですし、来てよかったです。皆さんにお世話になってます。
勝 日本に来てすぐに料理人になったのではないですよね。
店 鉄工所で働いている時に、同僚の家で料理をしたら評判になって、思い切って中国に戻って1年間修業をしてきました。
勝 それでも店を出すのは大変だったでしょう。
店 常連さんにかわいがってもらって、感謝の気持ちでいっぱいです。
勝 涙が出そうな国際交流。

松の実とクコの実粥

関 クコの実に松の実、健康的ですね。
勝 透き通った鶏のスープ。しっかりアクをぬいてますね。
関 まろみがありますね。
勝関 ご主人の誠実さが伝わるね。大変な手間がかかってるはずだよ。しかも尼崎でこんなにリーズナブルに。
関 この地に留まって、料理で感謝の気持ちを表されてる。
店 お金じゃないですよ。お客さんに喜んでもらえるのがいいんです。
勝 カメラ止めていいよ(笑)。飲み直そう。
ディレクター 勝谷さん、本気食いですね。
勝 町の中華屋でこの味。関根さんとふたりで所帯じみた食事って感じだ。
(寸劇はじまりました)
関 あんた今日景気いいけど、なんか当てたんちゃう？ うまい張り方してたもんなぁ。
勝 まぁな。
関 今日は銭湯行けるなぁ。──なあ、石鹸切らしてるわ。なんて、なにわの夫婦善哉みたい。
勝 ここなら毎日来ても財布が痛まない。
関 体によくて、安眠できて、お肌もどんどんキレイになりますね。
勝 胡錦濤も来ればよかったのにね。探せるもんなら、探してみ。

情熱カレー

data file 37

大阪市都島区

スペイン料理

めずらしい野菜に うまい肉や魚も炭火焼き 気取らず手軽にワインを

店内には、100種類以上のワインが並び、それぞれに名前と値段が表示されている。手にとって選んで、ユニークな炭火焼き料理を味わえば、昭和とスペインの下町がミックスされた不思議なバルが実感できる。

2008・11・11放送

本日の担当
加藤明子アナ

カキの燻製とニュートンの青りんご、禁断の果実

勝 小悪魔の加藤ちゃんには禁断の果実というビールを。僕はニュートンの青りんご。ルネッサーン！　乾杯。

加 かんぱーい。

勝 アップルタイザーみたいな味。少しにごった色でコクがあるよ。

加 私のはグラスにアダムとイヴのイラストがあります。濃厚でおいしい。

勝 アダムとイヴが禁断のりんごを食べたから、全裸でいる恥ずかしさを知った。君が禁断の果実を食べたのはいつ頃？

加 さぁ、忘れちゃった。このカキ、燻製なのにしっとりしてて、ひものところに、ぐっと旨みがつまってます。これくらいのパンチがあるビールが合いますね。

勝 すごいコメントだ。君はどんどん酒飲みになるね。ニュートンの青りんごは、カクテルっぽくて僕にはもの足りないかも。女性向けかもしれないね。ここは炭火焼とワインの店。で、ベルギービールもある。外には赤提灯の店が並び、店内はバルみたいな雰囲気で、昭和の喫茶店みたいなカウンターからはシェイ

生ビール……550円
ニュートンの青りんご……900円
禁断の果実……980円
グラスワイン……450円
モエ・エ・シャンドン（ボトル）……8500円
カキの燻製……680円
おもしろ野菜のバーニャカウダー……850円
石川産フグ白子ムニエルバターソース……1650円
もち豚骨付きリブロースの網焼き……1950円
情熱カレー……980円
バゲット……200円

カーを振る音がする。訳がわからないような店。

おもしろ野菜のバーニャカウダー（紅芯大根、セロリラブ、バターナッツ、黒人参）とカセドラル・セラー・シャルドネ

店 好きな野菜を選んでください。

加 わぁ、見たことないものが多いですよ。名前もかわいいし、どんな味なんでしょうね。

勝 じゃあ、適当に選んで、料理の出来上がりを待つ間にワインを選びに行こう。

加 ワインリストから選ぶんじゃないんですね。

勝 そう。席を立って実際に見るのがいいんだよ。

加 勝谷さんが南アフリカの白ワインを選んでくれました。

勝 いいね。大人の味だ。南アフリカの乾いた赤い大地が目の前に広がるようだ。

加 がぶがぶ飲めって言ってるワインです。

勝 言ってないよ。

加 ほどよい辛口がおいしい。野菜がきました。

勝 ニンニクとアンチョビーのあたたかいソースだけど、何もつけなくてもいいんじゃない。

加 セロリラブ、香りがいいですね。バターナッツはかぼちゃですね。甘くてとろーり、ハチミツみたいな幸せな味。

勝 ものすごく甘い。しかもワインに合うよ。

加 かすかな塩がアクセントになってますね。

勝 黒ニンジンはニンジンの味じゃないね。ほんのりとした甘みがいい。こういうのをちびちび食べながら飲むと体

カキの燻製。
芳ばしい香りとしっかりした味がビールに合う

はみだし情報 各国ワインに世界のビール、そして世界のチーズに手作りスイーツもある。

おもしろ野菜のバーニャカウダー。
(ブロッコリーニ、紅芯大根、黄ニンジン、紅しぐれダイコン、キク芋)

によさそうだ。紅芯大根は巨大な二十日大根みたいな感じでシャキシャキして、口の中が洗われるようだ。

加 これは楽しい。食べたことのない野菜ばかりです。どれもクセになる味だわ。

勝 会話が盛り上がらないカップルでも話がはずみそう。僕はシャイだから、飲まないと女性とこんなふうに話せないから、ぴったりだ(笑)。

石川産フグ白子ムニエル バターソース

加 大きくて立派な白子ですね。濃厚なモッツァレラチーズみたい。たまらん!

勝 加藤ちゃん、おっさんになってるよ。

加 ワインが白子をすっと流してくれる。

勝 豪華な白子が何気ない皿にのって、まるで居酒屋みたい。ご飯にのせて白子丼にしたい味だ。

加 白子ってたいていポン酢しょう油ですもんね。洋風でスパイシーなのははじめてだわ。こんなカジュアルにいただいていいのかしら。残ったソースがもったいないですね。

勝 パンくださーい。

もち豚骨付きリブロースの網焼き、バゲット

勝 わっ、いきなり出てきたよ。これ、今日のメインだからワインを赤にとか、コメントを考えてたのに。

加 お皿もさっきと同じですよ。何と気取らない店。しかも味がすごい!

勝 炭火焼なのに煮物のようで、すごくジューシィ。

加 ソースをからめなくてもいいくらい。

勝 でもソースもおいしい。ここはソースの店でもある

ね。

加 パンも来ました。このソースをつけて食べましょう。なんかおおらかな店ですね。

勝 よし、パンに豚を挟んで食べよう。パンに挟んでも、怒られない店。パンに肉と野菜を挟んでさっきの白子のソースをつけてと…。何かめちゃくちゃになってきた。でもおいしい。

加 世界でただひとつのバーガーです。

勝 料理を手づかみで酒と交互に持ちながら本を読む。これが僕のオフの日の醍醐味。君、おいしすぎて涙ぐんでないか？

加 料理って決まりごとはないんですね。熱々の肉汁と共にいただきます。

勝 こういうことができる店っていいよね。これが大阪の底力。

加 遊びのきく店ね。

勝 そういう男と付きあわなアカンで。

加 勉強になりました。

勝 あ、今ぴしゃりとシャッターを閉められた。加藤ちゃーん。

加 …。

勝 酒ないぞー！

加 暴れないでくださーい。

加藤、勝谷を無視

情熱カレーとモエ・エ・シャンドン

加 えっ、カレーにシャンパンですか？

勝 だまされたと思って飲んでみて。今までどんな男にだまされたの？

加 だまされたかなぁ〜。シャンパンついでください。

勝 かわされた…。そして人生ではじめてモエ・エ・シャンドンを手酌で飲みました。普通、形だけでもついでくれるだろ！

加 「知らたま！」5年目ですが、これだけは覚えられません。

勝 焦げ目がついた石焼カレーを混ぜますよ。

加 あら、意外にあっさりしてる。おかゆ感覚ですね。

勝 これでシメになるのは、それだけの人間。では、カレーを食べて、もらったミントを口に含んでシャンパンを飲んでごらん。

加 カレー、ミント、シャンパンですね。おもしろい。カレーのスパイスとミントが一体になったあとに、きりっとしたシャンパンの炭酸。奥行きが出ますね。

勝 いい戻り香がくるでしょ。

加 シメにならずに、まだ飲んじゃいそう。必殺技を伝授してもらいました。

勝 カレーとシャンパンをミントが取り持つんだよね。これでシメて「じゃあ次行こうか…」ってなるのよ。

加 お疲れ様、また明日、みたいな感じですね。

勝 違うよ！

加 お酒の味を覚えて、どんどんケモノ道に入っちゃう。

勝 シメにモエ・エ・シャンドンを頼む男っていいでしょ。庶民の街に咲く、気ままで憎い味の店。探せるもんなら探してみ！

data file 38

神戸市灘区 イタリア料理

近海の幸を多彩なソースと技でアレンジ 魚料理だけのアドベンチャー

神戸・元町で20年のキャリアを持つイタリア料理のシェフが、移転を機にメイン料理を魚だけにしぼった。毎朝セリを待たずに魚を入手、週2回は明石の昼網も入る、新鮮な魚への愛情あふれる味。

2008・11・25 放送

本日の担当 堀江政生アナ

北海道産生ウニ一枚板のガーリックトースト

カルパッチョ

勝 黒板に料理名と魚の説明が書いてあります。どこで獲れて、どう食べたらおいしいか、うんちく満載です。

店 ヘダイ、イシダイ、アマダイ、コロダイ、クロマグロ、それぞれ違うソースで味わってください。

勝 アマダイは皮が揚げてあって少し温かい。粒マスタードが効いて洋でも和でもないソースの味。

堀 ヘダイはしっかりしてます。カボスの風味がさわやか。

勝 コロダイはセロリと一緒に。ソースが甘めで、セロリの香りが鼻を突きぬける。こういう食べ方ははじめてだ。

堀 勝谷さんでもそんなことがあるんだ。

勝 イシダイは、その高貴さが出てます。

堀 マグロはオクラと食べるんですね。で、ワサビドレッシング。これは何料理っていうんだろうか。

勝 基本はイタリアン。オリーブオイルをうまく使ってる。きっと塩もね。おいしいから、これスタッフにもあげよう。

堀 ブロッコリーしか残ってないじゃないですか！（笑）

生ビール……600円
グラスワイン……600円
ピノ・グリージオ……3000円
シャルドネ（ボトル）……4000円
カルパッチョ……2300円（時価）
北海道産生ウニ一枚板のガーリックトースト……2800円（時価）
アナゴのフリットユズ塩とレモン添え……1300円
コチのワイン蒸し貝類と共に……3000円
活ワタリ蟹トマトソース　リングイーネ……3500円

カルパッチョ。
ヨコワマグロ、ホウボウ、ホタテ貝、サンマ炙り、スズキ、ハリイカ

北海道産生ウニ 一枚板のガーリックトーストとピノ・グリージオ（白ワイン）

店 ウニにレモンを絞って、バターのようにトーストにぬってください。

堀 なんて贅沢な。ガーリックの刺激とウニの甘さが飲み込む寸前に融合する。

勝 バターのように、ウニを押さえつけてちょっとつぶすのがミソですね。はじめてウニを食べた時以来の感動。日本ウニ業界に新しい地平が広がる。

堀 どこにそんな業界があるんですか。

勝 もう、政治も経済もどうでもいい。バカが国家をやってもいい。パリパリのトーストの上に、やわらかいウニ、これがツンデレだ。

堀 意味わからん（笑）。

アナゴのフリット ユズ塩とレモン添え

堀 ユズの香りの塩をたっぷりかけたのに、アナゴが甘い。塩が肉厚のアナゴの甘みを引き立ててる。

勝 明石海峡のおいしさがぐっとつまった嫌味のないアナゴの味です。天ぷらより衣が薄いね。皮のところにたまった旨みが、口の中ではじける。

店 小麦粉を生ビールで溶いてます。

勝 だから苦味があるんだ。

はみだし情報 ランチは日替わりのメインやパスタ、リゾットなどが選べる。（1000円、1500円、2000円）

マスターは魚に詳しいですね。

店 釣りが趣味で、日本海や瀬戸内海、いろんな場所に行くんですが、明石海峡の魚は特別おいしいです。魚は海流によって味が変わるんですよ。仕入れは、毎日2時に中央市場に行って、セリを待たずに知り合いから買います。

勝 特別なルートがあるんですね。それを生簀に入れてるんですね。

堀 えっ、どこに生簀があるの？

店 あそこの木枠の中です。魚にストレスがかからないように、真っ暗な状態にしてあるんです。

堀 普通は魚を見せてアピールするのに、ここは外から見えないんだ。

勝 人間が見てるってことは、魚からも人間が見えるってことだもんね。魚も疲れちゃうんだよ。

アナゴのフリット ユズ塩とレモン添え

コチのワイン蒸し貝類と共にとシャルドネ

店 明石で獲れた50㎝以上のコチを使っています。

堀 魚のスープにトマトの旨みがたっぷり入って、おいしい。無言になっちゃう。コチってしっかりしてるけど、大味じゃないですね。お見それしました。

勝 魚も獣も超えた味だね。もうカメラ止めてもらおう。仕事になんないよ。

（黙々と食べるふたり）

堀 ムール貝にアサリに、カブも入ってる。株が暴落して勝谷さんも損したんですよね。

勝 言わんでくれ。思い出したくないけど、旨みのエキスを吸ったカブを探しちゃうね。

活ワタリ蟹トマトソースリングイーネ

勝 蟹は手づかみで。

堀 ワタリ蟹からどんどん身が出てきます。身をとり出すのに夢中になっちゃうな。仲のいいカップルで来ても会話がなくなっちゃいますよ。これは、かつてめぐり会えなかった味だ。

勝 蟹の甘さをまとったリングイーネのエッジの立ち方がいいね。マスターの魚に対する理解と知識のすごさの技だね。寿司屋に行くと当然のように魚のことを気にするけど、ここはイタリアンだからね。しかもこの店は魚料理だけ。肉料理をやらないという決断がすごい。

堀 その時点で肉が好きな人は来られなくなってしまう。

店 いい素材に助けられてるんです。

勝 どの業界でも、自分の命をかけて勝負する人は強いし優秀。そうでなければ、無くなっていく訳ですよ。日本食の中でも、魚料理は外国からも注目されています。

店 日本の市場でも、中国の人が大量に魚を買っています。

このTシャツが目印

勝 今後、魚料理が爆発的に世界に広がりますよ。マスターが魚の名前が入ったTシャツを着ています。そういう人を見かけたら、あとをつけて行ってください。このスーパー魚レストラン、探せるもんなら探してみ！

スタジオにて

須田 カルパッチョの魚それぞれにソースが違うんですね。この時季のヘダイはマダイよりもおいしいんですよね。見てくれが悪いから、案外リーズナブルだったりするんです。魚のことをよく知っているマスターですね。

花田紀凱 ウニをガーリックトーストで食べるというのは、はじめて見ました。

勝 贅沢ですよね。分量が多いので、何人かでシェアしたほうがいいですね。

須田 いやぁ、ウニは僕ひとりで食べたいなぁ。

焼きうどんしょう油味カキ・ニラ入り

data file
39

豊中市
お好み焼き
下町のおかんの味を継ぐ 有機野菜ベースの 創作料理と厳選ワイン

2008・12・9 放送

スーパーに併設された専門店街で40年以上営業しているお好み焼き屋に、いつしかワインセラーが入り、裏メニューの創作料理を目当てに遠方から人が来る。鉄板上に並ぶやさしい料理にワインが不思議と合う。

本日の担当
関谷友実アナ

勝 今日は関根さんと現地集合です。

関 勝谷さーん。

勝 なにその袋？ 買い物してたの？

関 スーパーの前で待ち合わせだと、つい晩ご飯の材料を。

勝 主婦してるんだ。では今宵の店へ。

前菜盛り合わせとルネ・ミューレ

関 食前酒はスパークリングワインですね。まさか鉄板の前でワインを飲めるとは。

勝 段々景気が悪くなってきたし、経費節減のロケです。

関 背の高いグラスに、たっぷりのワインが入ってます。

勝 新地だったらこうはいかない。

関 この壁いいですね。昭和30年代の家ってこんな雰囲気でしたよね。

生ビール……450円
グラスワイン……680円～
ルネ・ミューレ……4900円
ヴェニンガー……5400円
お好み焼き、焼きうどん、焼きそば……680円～
焼きうどんカキ・ニラ入り……1480円
ワインに合うおまかせコース……一人3000円（要予約）

右）前菜盛り合わせ。
有機野菜を使ったシンプルなお惣菜
左）野菜スープ。
ほのかな酸味と野菜の旨みが入った具だくさんスープ

勝 となりのテーブルのお客さんが、おかきを食べてる。

関 何が出てくるかわからない店ですね。わっ、ウェッジウッドのお皿を鉄板の上に！

店 バターナッツかぼちゃのピュレにレンコン、ラディッシュです。

勝 手が込んでて味がしっかりして、でも盛り付けが適当…。

関 レンコンが甘い。

勝 ある意味、アクのある味だね。

関 滋味があります。普通なら甘辛く煮るところを、すごくシンプルに。

勝 ラディッシュも果肉と皮の境目の味がよくわかる。

野菜たっぷりスープ梅酢風味とヴェニンガー（白ワイン）

店 三田で畑をやってるハンガリー人のギャリさんの野菜です。ギャリさんの栽培法はサスティナブルなんです。

関 この前『ムーブ！』で取材したんですよ。こんなうんちくをお好み焼き屋さんで聞けるとは。

勝 すごい人同士ってつながってるんですね。マスター、このワインセラー高かったでしょう。

店 母の横では言えません。

勝 セラー買うんなら、壁紙を変えたほうが…。

関 この壁紙が味があっていいんですよね（笑）。

勝 マスター、セラー、開けっ放しにしちゃだめだよ。

関 マスターがむこうでワインのテイスティングしてる。いったい何屋さんなんだろ。

勝 ま、スープをいただこう。野菜だけの上品な味だね。野菜の苦味とかえぐみが、ほんのりきいた梅の酸味と調和して、和風でも洋風でもない繊細な味になっている。

関 ほっこりして、精がつきそう。

タラの白子の鉄板焼き、洋梨のソースと春菊のソース

関 あ、次はウェッジウッドが鉄板の上に無造作に置かれた。タラが濃厚でミルキー。洋梨の甘みとぴったり。

勝 甘みを足して元の味を引き出すという手法だね。春菊ソースは柑橘とフェンネルの香りがさわやかなあと味だ。

関 ノドの奥までぐーっとくる味。

勝 精が届いてますか？

関 はい。

勝 お母さんの代からの店ですよね。なんでこんなことになったんですか？

母 なんでやろ。息子が好きにやってますねん。

店 ホテルでサービスの仕事をしていて、あとを継ぐ気はなかったんですが、いつの間

はみだし情報 お好み焼き、焼きそば、焼きうどんに、ご飯と味噌汁がつく定食セットは、料理プラス380円。

にか好きなものを店に持ち込むようになって…。

関 ここまでの料理、メニューにありませんしね。

勝 マスターにおまかせのコースなんだよ。基本はお好み焼き屋だからね。

関 お母さんが長年やってこられたお好み焼きの世界観とは全く違いますね。

母 最近、遠くからもいろんな人が来られるから、顔と名前が一致せえへんのです。

勝 前は常連さんばっかりだったんだね。

ジャンボお好み焼き

関 いよいよ鉄板に点火です。

店 肩ロースは鹿児島の三元豚、バラは黒豚、卵は島根の放し飼い有精卵です。

関 ワインを飲みながらお好み焼きを待つんですね。

勝 まずはソースなしで食べてみよう。キャベツの切り方が細かくて、タネの中にうまく空気が入ってるのがわかる。

関 野菜と空気の味かしら。やわらかいですね。

店 お好み焼きも野菜のダシだけなんです。ソースはメーカーで独自ブレンドを作ってもらっています。

勝 甘みのある赤ワインと、ソースをつけたお好み焼きが合うね。

焼きうどんカキ・ニラ入り

関 お母さんが焼いてくださいました。

客 麺はお母さんの味が一番なんですよ。

関 きっと身についたコツがあるんですね。カキのしょうゆ味、いいですね。

勝 ぐっとハートをつかまれた。タンニンのきいたワインとカキのしょう油が合う。

関 食がどんどん進みますね。

勝 やわらかい麺に、カキの風味が際立っている。味付けの妙だね。

デザートとコルコル

店 鉄板で3時間かけて焼いた、安納芋とギャリさんの芋です。

勝 食後酒がほしいな。大東島で女性が作ってる日本のラム、コルコルをストレートで。

関 とろけるようなお芋が、甘くておいしい。お砂糖がついてるんですね。

店 いえ、芋から出る蜜です。

関 えー！

店 アルミに包んで弱火でじわーっと焼くだけなんです。

関 このシンプルな贅沢感。大人だわぁ。

勝 十分大人でしょ。

関 はい。流行のアラフォーですから。勝谷さん、決めぜりふを忘れて食べてますよ。

勝 あ…。飛行機に乗った事がないマスターが作るワインに合う料理、フランス風といっても過言ではないこの店、探せるもんなら探してみ！

勝谷誠彦「知られてたまるか！」を語る

「知られてたまるか！」開始から４年、事前リサーチも含め、たくさんの店で飲み、食べ、そのウンチクを語り続ける勝谷さんに、大阪の店の印象を聞いてみました。

僕は19歳で上京して、いわば大阪を捨てたわけだけど、『ムーブ！』がきっかけで、また関西に軸足を置くようになって、改めて関西の食文化の深さを思うね。グルメガイドでも、東京は「〇〇本に出てた」というだけで客が入る。味よりスタイルという雑念が入ってるから面白くないんだ。大阪は、味と値段という個人の判断基準が加わるから厳しい。おまけに、かつて天下をとっていたけれど今は衰弱した老体国。名古屋や広島は、どっかで天下をとりたいって思ってる。その差が居心地のよさなのかもしれないね。

＊

大阪のすごさって、飛行機が水平飛行するために機首を上げるような狙い方。ただ同じものを作ってればいい、とは思っていなくて、一見同じものでも、実は相手の反応を見ながら加減している。例えば、常連客がいつもの店で、「なんや、今日はまずいやないか」と悪態をつく、でも実際はおいしいんだよね。「まずい」が挨拶代わりになっている。客が突っ込み、店が反論する。こういう言葉のジャブの繰り返しにホンネが混ざっているから、店も油断できないし、気を抜いたらおしまいだってわかってる。

いい店はもう、中華とか和食という分類がいらないかもしれない。かといって、単に創作料理って、ひとくくりにもしたくないんだよね。それぞれの料理人が、すごく勉強して、いろんな技法や味を取り入れているから。

＊

同行してくれるアナウンサーは、みんな進化してるね。はじめは「おいしい」しか言えなかったのに、ボキャブラリーが増えると共に、料理に対する興味が高まって、自分で作るようになる。

堀江さんは社会人、家庭人として地に足がついている。だからみんなが信頼している。関根さんは、笑顔の下に我慢や努力がうかがえる人。明るくて気配りもできるしね。上田くんは、自宅でパーティをするほどの料理好きだし、外国語も話せて各国料理にも詳しい。将来は独自のジャンルを確立できるんじゃないかな。加藤ちゃんは、東京の山の手のお嬢さんが、大阪になじもうとしているようなけなげさ、それが素敵だよね。彼女に酒を手取り足取り教えたのは僕だからね。乾は、素直だからこれからどの方向に行くかが楽しみ。今、まさに育ちつつある。

こんなふうに、出演者もスタッフも、まじめな常識人であるところが、「知らたま！」だけじゃなく、『ムーブ！』の番組作りにいい影響を与えてるんだろうね。それが終わっちゃうのが残念だなぁ。

「うどん屋かっちゃん」誕生記

田尾和俊（麺通団団長）

勝谷さんが、時々口にする東京の「うどん屋」とは、自身が役員として関わっている「讃岐うどん大使　東京麺通団」のこと。なぜ勝谷さんと「うどん」なのか。そのいきさつを、讃岐うどんブームの仕掛け人である「麺通団」団長で、同じく役員を務め、勝谷さんを引きずり込んだ田尾和俊氏に教えてもらいます。

「東京麺通団」宮前店長（左）と、讃岐弁の大声の主、通称パロマス、森マネージャー

◎高松市内のイタリアンレストランにて
聞き手…頼み事は絶対引かない編集者
話し手…麺通団団長

うどん屋かっちゃん？　誰ですか。勝谷さん？　あっはっは！　勝谷さん「うどん屋かっちゃん」って呼ばれとんですか（笑）。誰に？　みんなに呼ばれてる。「東京麺通団」やってるからって。確かに。プロデューサーで役員ですからねえ。

で、今日は何？　「東京麺通団」と勝谷さんのことを書いてくれって？　何で勝谷さんがうどん屋に関わってるか知りたがってるって？　誰が？　みんなが。というか、ほんまにおるんですか、その「みんな」いうの。だいたい「みんなが言いよる」とかいうの、問いつめたらそいつだけやったりしますからね。え？　オレンジジュースおごるから書けと。イタリアンの店やのに、オレンジジュースだけで。何かそういや、以前もラーメン1杯で原稿頼まれたことありましたよね。ほんまに安い接待費で頼み事を押し込んでくる人やって、みんな言うてますよ。え？　みんなって誰やって？　まあ…突き詰めたら、私だけなんですけどね（笑）。

東京麺通団構想

最初ですか。どの辺から？　東京に店を出すことになったきっかけあたりから？　それ、そこから行ったら長いですよ話が。こないだオリンピックの水泳で初めて予選を通過した新顔の選手が「おめでとうございます。今の気持ちを」とか言ってマイクを向けられたらいきなり「4歳で水泳を始めて…」としゃべり出して「そこからかい！」ってツッコミ入れたんですけど、それぐらい長いですよ。あ、たとえがわかりにくい…すんません。

きっかけは2003年の1月にね、知り合いのうどん店の社長に呼ばれたんですよ。で、「東京にうどん屋を出したいんやけど、何かアドバイスちょうだい」って言われた。ええんですか、こんな話からやって。笑いどころ、しばらくないですよ。いや、かまんのなら進めますけど、あの時はちょうど、「全国から香川に讃岐うどん巡りに来る」というわゆる讃岐うどんブームがすっかり定着してたところへ、「讃岐うどんの店が全国に出始める」という新しい局面が始まったばかりの時ですわ。2002年の9月に「はなまるうどん」が渋谷に1号店を出して店舗展開を始めたのを皮切りに、さらに香川の企業があと二つ、うどん店のフランチャイズビジネスを始めようとしてたまさにその時期。

これね、何気なく書いてますけどちょっと革命的な動きだったんですよ。讃岐うどんのビジネスの世界って、それまで全体的に保守的でこぢんまりとゆる～い空気があって、投資のリスクを負って県外に出店展開していくなんてほとんどなかったんですよ。それが2002年にいっぺんに3社も動き始めたんですから。「はなまる」とフォー・ユーの「さぬき小町うどん」とJR四国の「めりけんや」。実はこれ、全部共通の特徴があってね、異業種からの参入であることと、経営者が若いということ。JR四国の当時の社長は年輩でしたけど、めちゃめちゃ気が若いからまあ一緒にして（笑）。それでね、その知り合いのうどん店の社長も流れに乗って東京に店を出そうと考えてたらしいんですけど、今から行っても3番手、4番手になるから何か差別化できるもんがないかと。けど知恵が出んから、「アホなこと考えさせたら香川で一、二を争う田尾さんを呼ぼ」となったと、そういうことらしい。ま、だいたい私はどこに行ってもそういう扱いですけどね（笑）。

こう書いてきたら、その社長も意欲に燃えた若きビジネスマン風に思えるかもしれませんけど、ちゃいますからね。最初に呼ばれて行った時、1月の寒い日でみんなホットコーヒーを飲んでるのに社長だけアイスコーヒー飲んでるんで「この寒いのに冷たいの飲むんですか」言うたら、社長が「毎日家で煮え湯飲んみょるけんな」って（笑）。ま、その会話でだいたいのテイストをつかんでもらったらいいかと（笑）。

でね、その社長と、宮武讃岐製麺所の福田豊社長いうんですけど、福田社長とあと数人のそれぞれ別の会社をやってる社長とかがそこに集まってて、とりあえず状況を聞いて、私はいつものようにマーケティングの基本で店の種類とブームの状況と東京のうどん店の状況をミーシーに表に分類して、隙間を見つけて「狙いはここですよ」いうて一点で指摘したわけです。ここ、競合と差別化するコンセプトをちょっとかっこええとこ（笑）。え？ そんなことできるように見えんって？ いや、一応私、そっちが本職やし（笑）。

それでね、いろいろ話してたら「田尾さんも仲間に入らんな？」言われて、何か勢いで一緒にやることになったんですわ。それで、さらに東京に店を出すからには東京の事情通が入ってた方がいいというわけで、私のか細い人脈から勝谷さんに電話したわけ。勝谷さんは東京で一番讃岐うどんに詳しい有名人（当社比）だし、あと、関係ないけど東京で一番カトマンズのそばに詳しい有名人だし（笑）。しかしコラムニストがこんなビジネスの話に乗ってくるのか…と思いながら恐る恐る電話したら「おもろい！ 乗った！」って二つ返事（笑）。それで、新会社を設立して、福田社長をトップにして私と勝谷さんがプロデューサーで協力するという、今考えたらまあ特異な経営陣トリオができたというわけですわ。はい、きっかけの話、おしまい。

めちゃめちゃええ会社ですよ

会社？ めちゃめちゃええ会社ですよ。今は初期の役員陣が再編されて経営陣は福田社長と勝谷さんと私の3人だけですけど、これがまたうまいことできとんですわ。まずキャラクターと役割分担ね。福田社長が何せ職人上がりの社長やから現場のこと全部できるでしょ。私が麺通団の団長でソフト関係のこと全部できるでしょ。勝谷さんが私らにできん全国レベルのソフト関係、全部できる。ソフト関係って何かって？ それは言えんな（笑）。そこ、うちの付加価値やもん。

あとね、三人のうちのどのひとりが暴走しても後のふたりが組んだら止められる、という株式構成になってる（笑）。それから役員全員、会議の交通費以外会社の経費をほとんど使わん。店に行ったら自費でうどん食う。勝谷さんなんかしょっちゅう友達を店に連れてきてうどん食って酒飲んでるから、たぶん持ち出しの方が多いんちゃうかな（笑）。さらに、役員全員給料なしでずっとやってたという、驚くべき経営陣ですよ！　何せ、「社員がうちの会社でええ給料もらってやり甲斐もあって退職金もよっけもらえるためにどうしたらええか」いうのを最優先に考えてますからね。

そういう形も含めて、私らたぶんあんまり前例のないフードビジネスの経営スタイルをやってると思いますよ。社員構成も「社員を少なく、なるべくアルバイトで」という効率優先のフランチャイズチェーン店やファーストフード店なんかと逆で、まず社員ありきでやってますからね。しかもその社員には人間性（キャラクター？）の付加価値が求められたりして（笑）。要するに讃岐うどんならではの「緩い空気感」ですね。「東京麺通団」に行ってもらったらわかりますけど、パロマスと宮前が仕切ってる（笑）というのが私らの狙ってる空気感。

実は一度、フランチャイズビジネスをやらないかと言って経営コンサルタントみたいな人が来たことがあるんですよ。で、プランを作ってくるからと言うので私らが考えてるコンセプトやらいろんな情報を提供したら、1カ月くらいしてそのコンサルが企画書を持ってきた。そしたらね、「東京麺通団」の問題点として、一番に「人件費比率が高すぎる」って書いてきた。その瞬間、私の中でそのコンサルはアウトですよ。そこ、うちの最大の付加価値やのに。よそと差別化するために打ち出した最大の付加価値を捨てたら、そこらのフランチャイズと同じ土俵で闘うことになるやん。ほんだら体力（財力）のある方が勝つ。うち、体力ないから知恵と付加価値で闘うしかないのに。その辺のセミナーで習ったみたいな既存のコンサル手法じゃ、私らの目指してるもの、たぶんわからんのでしょうね。

麺通団の看板

福岡とかの麺通団？　ああ、「福岡麺通団」と「名古屋麺通団」と「吉祥寺麺通団」。あれはよくあるフランチャイズ店じゃないです。仲間の店です。福岡は私と勝谷さんの共通の友人がやってるし、名古屋は福田社長の友人がやってるし、吉祥寺は「東京麺通団」の初代店長の山中の独立店だし。信用できる仲間だけ、希望したら麺通団の看板で店を出してるんです。私ら、マネーゲームやってるんじゃないですからね。ええカッコ言うと、社員も仲間もみんなええやつばっかりなんで、成功させてやりたいんですよ。

麺通団の話ばっかりになりましたけど、ええですか？　こんなんで。まあこういう話が実は私ら三人と社員と仲間たちの魂の部分なんで。ちなみに「部分」なんで全体じゃないですけどね（笑）。いずれにしても福田社長も私も勝谷さんも、これまでのビジネスの既成概念とはちょっと違う段階のところで、魂を共有しているのではないかと勝手に思っています。悪いけど、見た目よりたぶん深いっすよ、私ら。勝谷さんの魂も「うどん屋かっちゃん」みたいな軽いもんじゃないって、みんな言ってますよ。みんなって誰かって？　それは言えんけど（笑）。

讃岐うどん大使

東京麺通団リポート

あつかけ（熱かけうどん）
…小290円、大390円
ひやかけ（冷かけうどん）
…小290円、大390円
天ぷら………100円〜
銀河高原ビール
……………小270円〜
悦凱陣…………690円
王禄……………650円
萬膳……………720円
龍宮……………690円

あつかけうどん

新宿駅から徒歩圏内にあるビルの1階。開け放たれた入り口に立つと、まず目に入るのがうどんをゆでる大きな釜。立ち上る湯気と威勢のいい声、奥から「…お客さんやぞ、ちゃんとみよれよ〜」と讃岐弁の大声が聞こえる。

セルフ店のルールで、まずこの入り口でうどんを注文する。熱いか冷たいか、大きさは、味は。ここでモタモタすると、列のうしろの人の視線がこわい。待っている間にある程度イメージしておこう。

ゆで上がったうどんの鉢を受け取り、そのまま奥に進むと、カウンターには天ぷら、おにぎり、いなり寿司、さらには、アテになりそうな一品小鉢が並ぶ。好みのものを取って、その先のレジでお金を払うシステム。ちなみに香川名物の天ぷら3大トッピングは、げそ天・半熟卵・ちくわだそうだ。

テーブルについて、居酒屋のような灯りの中で飲み物メニューを見ると、うどん屋とは思えない種類の日本酒と焼酎がずらり。この銘柄で、酒をセレクトしたのが勝谷さんだとすぐにわかる。日ごろ「知られてたまるか！」でウンチクを語っている悦凱陣から、王禄、焼酎の萬膳、龍宮、銀河高原ビールまである。東京麺通団のプロデューサーとして、しっかり仕事をしていることを確認。

蔵元から届く酒は、季節によって種類が変わるため、常連呑み助にとっては銘酒との出会いが楽しめる場でもある。

讃岐うどん大使

東京麺通団

住 東京都新宿区西新宿7-9-15 ダイカンプラザビジネス清田ビル1F
Tel 03-5389-1077
10：00〜02：00
休 無休

ムーブ!

コメンテーターの とっておき 教えます

専門分野だけでなく、食にも
持論があるグルメなコメンテーター達。
彼らのお気に入りの店や料理を、
勝谷さんに負けじと、ここに紹介します。

京都エリア

天才料理人が作る京野菜中心のやさしい中華

中国料理

財部誠一（経済ジャーナリスト）

A 一之船入《いちのふないり》

手間をかけた独自のあっさり味のスープが、すべての料理のベース。これに無農薬の京野菜が加わり、中国各地の料理法でアレンジされて、京風と呼ばれる創作中華になる。横浜中華街で「煮込みの魏家」と賞賛されたオーナーの味が、新たな素材と融合してさらに進化。紹興酒10種、日本酒40種、ワイン40種と、酒と料理と風情が堪能できる。

京都市中京区河原町二条下ル一之船入町537-50／075-256-1271／11：30～14：00（13：30LO）、17：30～22：00（21：00LO）／日曜休／予約可／予算8000円～10000円

洗練された板前料理をご近所付き合いの気軽さで堪能

日本料理

ジェフ・バーグランド（大学教授）

C 木屋町櫻川《きやまちさくらがわ》

月替わりの会席料理も、毎日の仕入れによって変化するのが季節料理ならでは。夏ならハモやアユ、冬なら京野菜を使った伝統的な京料理ながら、海外経験もある料理長が取り入れる洋のテイストが、さらなる奥行きを醸し出す。多品種のワインや日本酒片手に、磨きぬかれた白木のカウンターで、ひとりの女性客も絵になる店。

京都市中京区木屋町通二条下ル上樵木町491／075-255-4477／11：30～14：00（13：30LO）、17：00～21：00（20：00LO）／日曜休／予約可／予算16000円

豆腐、湯葉、味噌に込められた京の四季の味

豆腐料理

竹内　薫（サイエンスライター）

B 豆屋源蔵《まめやげんぞう》

老舗の味噌屋で生まれ育ち、豆の味を知り尽くした主人が、風情のある町家を舞台に、豆腐や湯葉を盛り込んだ京懐石でもてなす。鮟肝や胡桃を使った季節の豆腐、酢の物や蒸し物には湯葉を、焼き物には西京漬けやほうば味噌を使うなど、多彩でありながら奇をてらわない奥ゆかしさは、まさに京料理の真髄だ。

京都市中京区木屋町御池上ル／075-253-1155／11：30～14：30、17：00～23：00／昼：月曜休、夜：不定休／要予約／予算7000円

寿司

主人が作るサバ寿司は
日本一。わざわざ
行く価値あり！

藤井誠二（ノンフィクションライター）

E すみれ寿司

サバのにぎり寿司は、生と紙一重のような締め具合。軽めの酸味とコクが日本酒を呼ぶ。とろける旨みのネギトロにはパンチのある香川・丸尾本店の「凱陣」を。やわらかくて、ほんのり甘いアナゴには、洛中唯一の蔵元・佐々木酒造の「古都」を合わせたい。ただしどちらの酒も希少品。出会えたら幸運だ。注文は一貫からでも可。

京都市中京区西木屋町通蛸薬師上ル南車屋町287／075-211-1089／18：00～03：00／月曜休／予約可／予算10000円

フランス料理

多彩なアラカルトで
ゆっくり飲みたい
静かな町家

重村智計（大学教授）

D レストラン ル・ミリュー

オードブルの盛り合せにある、ハム・リエット・パテや、豚の頭肉のゼリー寄せは丁寧に時間をかけた自家製。幾分しっかりめに味付けされた肉や魚料理に、滋賀県にある実家の畑から届く季節の野菜やハーブが添えられる。町家を使ったシックでかわいい店内で、料理のシメに、生のハーブを使ったお茶を選ぶ女性も多い。

京都市中京区新町錦小路下ル小結棚町434-4／075-213-7527／12：00～14：00（LO）、18：00～22：00（LO）／不定休／予約可／予算5000円～6000円

バー

粋なバーで出合った、
余情を残す
チーズの薫り

吉永みち子（作家）

G 1st《ファースト》-FLY《フライ》

おしゃれな神戸らしく、しっとりと酔える空間。ウイスキーの味をより深めてくれるのは、手製のスモークチーズ。表面を噛んだとたんに、鼻腔をくすぐる芳ばしい香りが広がる。次いで訪れるなめらかな歯ざわり、そして深い味わいが、くせになる逸品。レコードから流れるJAZZに、マスターとのさりげない語らいが心地よく、つい終宵くつろぎたくなる。

神戸市中央区加納町4-6-11 マスターズビル7F／078-333-5329／18：00～01：00／日曜休／予約可／予算3000円

神戸エリア

居酒屋

自分で魚を選んで
料理法をオーダー。
魚好きにはたまらない

山本譲司（フリージャーナリスト）

F 酒仙三昧 かねも 三宮店

元漁師のオーナーが毎朝仕入れる鮮魚が、木桶にどっさり入って客の目の前に運ばれ、そこから好みの魚と調理法を組み合わせて注文する。魚屋で自ら目利きした1匹を丸ごと食べるような、特別感が醍醐味。鮮度が生きる刺身や塩焼きはもちろん、煮付け、酒蒸し、野菜あんかけにもアレンジ。焼酎や純米吟醸酒とも抜群の相性だ。

神戸市中央区加納町4-10-9／078-331-3911／17：00～03：00（02：30LO）／無休／予約可／予算5000円～

＊A～Sは袋とじの路線図に対応する番号です。予算は原則として夜の金額の目安です

フグ料理

シーズン問わずにフグを楽しめる名物「焼フグ」の店

若一光司（作家）

I 夢鉄砲《ゆめてっぽう》 北新地店

てっさ、てっちりに飽きたらない御仁には、フグの創作料理はいかがだろう。網で焼く「焼フグ」は、プリプリと歯ざわりがよく、塩、タレ、ニンニクで３種の味が楽しめる。フグフェ、韓国式てっさなどの大胆なアレンジで、夏場やビールにも合う新しい味と食感。香りがよいヒレ酒も、フグを余すことなく堪能するには欠かせない存在だ。

大阪市北区堂島1-4-7 堂浜アネックス1F／06-6345-2915 ／ 12：00～14：30、17：00～24：00／日曜、祝日休／予約可／予算10000円

焼肉

月亭八方さんの奥様と女同士で楽しむ肉料理

みといせい子（芸能リポーター）

H 虎龍《こたつ》 北新地店

使うのは、厳しい目で産地、月齢、ランクを指定した一頭買いの雌黒毛和牛のみ。赤身と脂のバランスがよい部位を選び、その旨みを引き出すために、熟成庫で食べ頃までじっくりとねかせ、最高の状態で提供する。場所がらニンニクが少ないタレも心配りのひとつ。モダンな店内で、豊富なワインや厳選された焼酎と共に味わいたい。

大阪市北区曽根崎新地1-9-6 菱富ビル1F／06-6343-2929 ／ 17：30～05：00 ／日曜休／予約可／予算5800円

ワインバー

華やかに香る豪ワインシメのカレーも楽しみなバー

吉富有治（フリージャーナリスト）

K dépôt《デポ》

品質の優れたオーストラリア産がメインのワインバー。豪ワインは比較的安価で、華やかな香りと軽やかな飲み口が特徴。その酸味を引き立てるハチミツは、希少なタスマニア産のオーガニックもの。すっきりした甘さがパンやチーズと好相性。ワインで煮込んだ、芳醇でやさしい口当たりの和牛のスジ肉カレーは、シメに最適な一品だ。

大阪市北区曽根崎新地1-11-4 いちらくビル4F／06-6342-8880 ／19：00～01：00 ／土・日曜、祝日休／予約可／予算5000円

創作和食

多彩な創作料理の極み、和風仕上げの牛タンの煮込み

伊藤惇夫（政治アナリスト）

J 五事五有《ごじごゆう》

牛タンの和風煮込み「特製仕上げ 牛舌」は、箸でほどけるほどやわらかく、口の中でふわっと広がる旨みが印象的。タマネギ、ニンニク、ショウガなどの風味をとじ込めたポン酢ベースのソースはさっぱりした味ながら、２日間漬け込むことによって奥行きを出している。また、ダチョウのたたきも、クセがなくヘルシーな珍味として人気。

大阪市北区曽根崎2-10-19-4F／06-6313-5450／17：00～24：00（23：30LO）／日曜休／予約可／予算5000円～

小道にやわらかな光を灯す、手づくりダイニング

ダイニング

山崎寛代（芸能リポーター）

M Kimamana Restaurant やまもと

夫婦で営むカウンター 10 席の小さな店。夜はカウンターに大鉢が並び、キッシュや煮込み料理をはじめ日替わりのおすすめが並ぶ。野菜たっぷりのバジルスープ、手羽先と卵の八角煮など、趣向を凝らしたメニューが人気。50 種以上ある多ジャンルの料理に合わせ、各々が気ままにビール、ワイン、焼酎を片手に、ほっと和める空間。

大阪市福島区福島 7-7-29 ／ 06-6453-1369 ／ 11：30 ～ 14：30（14：30LO）、17：30 ～ 24：00（23：00LO）／日曜休／予約可／予算 3000 円～ 4000 円

手厚い和のもてなしで食通を魅了する美肴とうまい酒

居酒屋

二田一比古（ジャーナリスト）

L 炭火焼と季節料理 ふくしま 炉談《ろだん》

料亭出身の店主が作る手の込んだ日本料理と、バリエーション豊かな肴、美酒の数々。新鮮野菜や天然鮮魚は日替わりのおすすめ料理で、和牛や地鶏は絶妙な炭火焼きでいただく。上質カツオだしのおでん（季節限定）は、冬場は常連が毎回注文するほどのお墨付き。強めの麦焼酎の香りに酔いながら、和の肴の奥深さが堪能できる隠れ家だ。

大阪市北区大淀南 2-1-17-1F ／ 06-6451-6268 ／ 17：00 ～ 24：00（23：00LO）／不定休／予約可／予算 4500 円～

幼なじみの池乃めだかさんが作る楽しい空間

スナック

山本健治（フリーライター）

O 池乃めだかの店 キャット

少し飲み足りない夜、気軽に飲んで歌って、おしゃべりできる 2 軒目の店はありがたい。マスターは、お笑いタレントの池乃めだかさん。多忙の合間をぬって、大阪にいる日はほとんど顔を出す。舞台とはまた違う身近な距離で話相手になったり、デジタルドラムでカラオケの伴奏をすることもある。固定の金額で飲み放題もありがたい。

大阪市中央区東心斎橋2-4-19 玉屋町ギャラクシービル3号館1F ／ 06-6213-2885 ／ 20：00 ～01：00 ／日曜、祝日休／予約可／予算 男性 6000円～・女性4000円～（飲み放題）

3段階熟成の本格カレーすっきりした辛さがやみつき

カレーハウス

やくみつる（漫画家）

N 本店《ほんてん》 上等《じょうとう》カレー

来阪するたびに「大阪で一番うまいカレー」を求めて食べ歩きし、探し当てたのがこの店のカレーライス。ひと口めに、ほのかなタマネギの甘み。時間差で、絶妙に調合されたスパイスのさわやかな刺激が訪れ、その辛さがやみつきに。サービスの生卵やトッピングのチーズで味の変化を楽しむ人も多い。さっくり揚がったカツカレーも人気がある。

大阪市福島区福島6-14-9 ／ 06-6455-7331 ／ 11：00～22：45 ／無休／予約不可／予算1000円

中国料理

旨みたっぷり水餃子とデザートの芋の飴だきについつい足が向く

佐々木博之（芸能ジャーナリスト）

Q 吉林菜館《きつりんさいかん》

昭和30年創業。他店の料理人が度々研究に訪れる「XO丼」が有名。干しエビや貝柱など10種以上を調合した独自のXO醤の妙味は、熱心な研究が成せる秘技。ニラを使わず作る本場の水餃子は、分厚い皮からあふれる肉汁に旨みが凝縮され、タレいらず。デザートには、飴と芋二層の食感が楽しめる芋の飴だきが欠かせない。

大阪市西区千代崎2-7-12／06-6582-4661／11：30～14：30、17：00～22：30　日曜、祝日 11：30～22：00／水曜休／予約可／予算 昼：600円～ 夜：1000円～

日本料理

刺身、ステーキ、竜田揚げ、名物はりしゃぶ鍋でクジラづくし

井上公造（芸能ジャーナリスト）

P 美肴＆美酒 むらさき

登録商標の「はりしゃぶ鍋」で名高い店。刺身用の上質な鯨肉3種を水菜で包み、秘伝ダシにサッとくぐらせてレアなクジラの旨みと水菜の食感を楽しむ。今や最高級とされるマッコウクジラのコロなど、希少な部位の珍味も絶品。大阪の郷土料理として、クジラの食文化継承に意気高い主人による、ユニークな料理解説も酒の肴だ。

大阪市西区江戸堀1-15-4／06-6441-3871／17：00～23：00（22：00LO）／土・日曜、祝日休（第2・最終土曜は営業、1・12月の土曜は営業）／予約可／予算6000円～

洋食店

記者時代から通い続ける名店のカツサンド

大谷昭宏（ジャーナリスト）

S グリル 梵《ぼん》

新世界で大阪人の食の歴史を携えて70余年。ハヤシライス、ヒレカツカレー煮込みなど、万人にとってのご馳走メニューがズラリ。名物「ビーフヘレカツサンド」は、舞台の楽屋への差し入れが発祥で手土産としても有名。やわらかな極上ミディアムのヘレカツと秘伝の甘いソース、香ばしいトーストが、世代を超えて愛され続けている。

大阪市浪速区恵美須東1-17-17／06-6632-3765／11：00～14：00（13：30LO）　17：00～21：00（19：30LO）／6・16・26日休／予約可／予算2000円

炭焼・串ホルモン

生でよし焼いてよし抜群の鮮度が光るホルモン料理

須田慎一郎（ジャーナリスト）

R 串源《くしげん》

生野区の住宅街で、抜群の鮮度と炭火焼の技を誇る店。精肉店出身の主人の人脈により、新鮮なホルモンが入手でき、しかも串焼きが1本100円か130円と激安。コブクロ、アカセン、バラ、ミノ、テッチャンなど、味噌風味のタレが酒を進める。鮮度が命のミノの刺身や、コブクロのたたきなどの生ものも見逃せない。

大阪市生野区巽中1-14-13／06-6754-7793／17：30～24：00（23：30LO）／木曜休／予約可／予算3500円～

あとがきにかえて

ムーブ!

安田卓生プロデューサーに報告

聞き手／松田きこ

――いよいよ読者待望の2巻目が完成です。

安田　このコーナーの4年間の歴史が詰まっているわけですね。僕が担当したのは、1年前からですが、このテイストは面白いと思いますね。値段が高くておいしい、というあたりまえの店ではなく、味と同時に、料理人の工夫とか人生観とか、勝谷さんならではの選択がいいですね。それが他の人にはできない勝谷さん独自の美食。普通のグルメコーナーだったら、『ムーブ!』の中で、こんなに続かなかったかもしれませんね。

――ロケの現場はいつも楽しい雰囲気です。

安田　アナウンサーが酔っ払っていくさまも、アクセントになってるというか（笑）、スタッフも含めて皆が楽しんでいますね。この店を、この味を、この料理人を視聴者に伝えたい、という強い思いがあるからですね。

――新社屋の近所にも取材に行きました。

安田　僕はほとんどどこにも行ってないんですよ。昼は社員食堂だし、夜も打ち合わせが多くて、なかなか好きなものを食べに行けない。僕もこの本を持って、「知らたま!」店めぐりをしようと思います。

――ぜひご活用ください。

「知られてたまるか!」を作っているのはこんな人達

安田卓生
番組プロデューサー
入社以来、報道畑一筋。
15年前、経済発展著しい上海に3年間駐在。中国全土を取材する際に各地の料理を堪能。好みはやっぱり中国料理。

須々木享
特集担当プロデューサー
旅番組で日本中の温泉を巡り、「知らたま！」で大阪中のうまい店を食べ歩く。「知らたま！」のリサーチと取材で食べ歩いた店は4年間で500店以上。このコーナーで酒が飲めるようになったが、まだ鶏は少し苦手。

藤田泰人　ディレクター
日本酒、焼酎、紹興酒、ビールにワイン、酒と名が付くものは何でも大好き！ 取材の打ち合わせで店主と意気投合し、朝まで飲み明かしたこともある。料理や食材についての知識も豊富。

藤田勝之　ディレクター
後輩を引き連れ、夜な夜な居酒屋をハシゴしている。安くて気取らない店が好きで、高級なイタリアンやフレンチより、立ち飲みや居酒屋を担当したがる。「知らたま！」で日本酒のうまさを再認識。

本書と合わせて読みたい勝谷誠彦の食と酒の本

シリーズ一冊目

勝谷誠彦の知られてたまるか!

勝谷誠彦とムーブ!

定価 1260 円（税込）
A5 変形　オールカラー 128 ページ＋袋とじ 16 ページ
ISBN978-4-901908-32-0

本書を読まずして、関西の食を語ることなかれ、
大阪・兵庫の選びに選んだ、料理と酒の旨い店 51 店。
立ち飲み、もつ料理、男が酔える店多し！
「探せるもんなら、探してみ」

勝谷誠彦の珠玉の酒飲みエッセイ
いいお店の見つけ方、お店との付き合い方、
料理と酒の味わい方、
この本にはそのすべてがあります

男の居場所 酒と料理の旨い店の話

勝谷誠彦著

定価 1365 円 (税込)
ISBN978-4-901908-40-5

「私はムダな飯を食わない」と断言する勝谷誠彦が、57 軒の酒と料理が旨い店を通して描いた「男の居場所」の物語。

宝塚ホテルのポタージュを離乳食がわりにしていた幼少期、プラザホテルで夕食を食していた子供時代、学校が終わると「おばちゃんチュウな」と梅田の地下街で焼酎を呑んでいた中学生時代。

第一章は、食をテーマにした旅の話。

少年期の記憶を思い起こした東京大阪の立ち飲みめぐりにはじまり、山陰で海女さんを通じて出会う岩牡蠣、酒蔵との出会いからたどり着いた恐るべき鮎釜めし。

壱岐対馬、博多、讃岐、それぞれの町で出会う、食と酒と人、比類なき酒飲みのための味紀行です。

第二章は、お店、一軒一軒を通じて描く、酒も料理も旨い話。

バグダッドで武装集団に襲われ、命からがら帰ってきて訪れた、目黒の紋寿司。

「あらお帰りなさい」とおばあちゃんが迎えてくれた。酒も料理も旨い店は、人と人との繋がりも旨いのです。

第一章　酒と肴を求めて

わが望郷の立ち呑み道―東京立ち呑み漫遊記
酒呑みが辿り着く究極の街―大阪天満立ち呑み街道
夏泊の岩牡蠣、香住の鮎―夏の山陰味紀行
国境の海が育てた島の酒と味―壱岐・対馬味巡り
肉に目覚めた博多の夜―鮮魚の街で肉三昧
うどんの国・讃岐のもうひとつの味
―讃岐ラーメンの系譜を歩く

第二章
私が愛した、酒も料理も旨い店たち

東京……21 軒　大阪……3 軒
関東……2 軒　兵庫……3 軒
新潟……1 軒　福岡……1 軒
静岡……1 軒

発売／西日本出版社
電話 06-6338-3078　FAX 06-6310-7057
〒 564-0044　大阪府吹田市南金田 1-11-11-202

P116の「東京麺通団」のルーツ、麺通団の本

AB判無線綴じ
オールカラー
128ページ
定価980円（税込）
ISBN4-901908-23-5

うどんブームの仕掛け人・麺通団がそのプライドに賭けて制作した、
讃岐うどんめぐり本の最終兵器

超麺通団3
麺通団のさぬきうどんのめぐり方 田尾和俊著

巻頭特集

麺通団が行く、人気店ひしめく
中讃黄金郷のモデルコース

第二特集

店に行くよりよくわかる!
店内解剖図付人気店情報
がもう　たむら　山越
谷川米穀店他

★ここを外すな!さぬきうどん巡りのオアシスポイント
★さぬきうどんの基礎知識
★さぬきうどん巡りの基礎知識

押さえておきたい
個性派の代表店
29店

超麺通団 団長田尾和俊と12人の麺徒たち
田尾和俊著

B6並製
定価1365円（税込）
ISBN4-901908-01-4

讃岐うどんめぐり初心者から、上級者まで、
便利で笑える必携本です。

恐るべきさぬきうどん総集編とも言える、
さぬきうどん食べ歩き指南書。
さぬきうどん事情、行くべきお店ガイド、
そして特選16讃岐うどん巡りコースガイド。
激笑必至ながら、実用性も備えた讃岐うどん本の決定版。
登場61全うどん屋さんマップ付き。

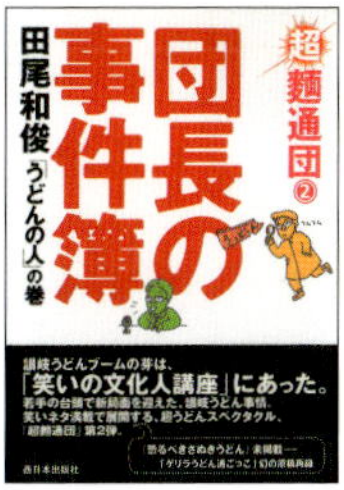

B6並製
定価1470円　（税込）
ISBN4-901908-06-5

超麺通団2 団長の事件簿「うどんの人」の巻
恐るべきさぬきうどん単行本未掲載原稿掲載号
田尾和俊著

一見なにもうどんとは関係ないような、オーストラリアの話から始まり、麺通団、「恐るべきさぬきうどん」誕生にいたる、うどんブーム前史を活写。
本書を読まずして、讃岐うどんは語れません。（語らんでもええけど）
今回は、東京の讃岐うどん屋さんの話も登場、
香川視点の東京讃岐うどんレポートも必読。
あんな事も、こんな事も満載の、
のりつっこみ爆笑うどんスペクタクルエッセイ。

発売／西日本出版社
電話 06-6338-3078　FAX 06-6310-7057
〒564-0044　大阪府吹田市南金田1-11-11-202

勝谷誠彦のまだまだ知られてたまるか！

2009年2月17日第1刷発行

著者……勝谷誠彦とムーブ！
発行者……内山正之
発行……株式会社西日本出版社
http://www.jimotonohon.com/
〒564-0044　大阪府吹田市南金田1-8-25-402
営業・受注センター
〒564-0044　大阪府吹田市南金田1-11-11-202
TEL 06-6338-3078　FAX 06-6310-7057
E-mail　jimotonohon@nifty.com
郵便振替口座番号 00980-4-181121
取材・構成……松田きこ
写真……ヤマモト タカシ
編集……有限会社アリカ
ブックデザイン……上野かおる＋吉見まゆ子（鷺草デザイン事務所）
取材アシスタント……沖知美・外園佳代子（株式会社ウエストプラン）
地図作製……弓岡久美子（あとりえミニ）
印刷・製本……株式会社チューエツ

ISBN978-4-901908-41-2

勝谷誠彦のまだまだ知られてたまるか!

袋とじ

禁断の店舗情報がついに明らかに!

裏話満載のアナウンサー座談会も収録

店舗情報の見方

data file
00

ムーブ亭 ―― 店名

P.000 ―― 掲載ページ

住所　大阪市福島区福島 1-1
電話　06-XXXX-XXXX
営業時間　15：49 ～
休み　土曜、日曜
予約　可
予算　1260 円 ―― およその予算。あくまで目安です

ムーブ! ―― 外観または看板

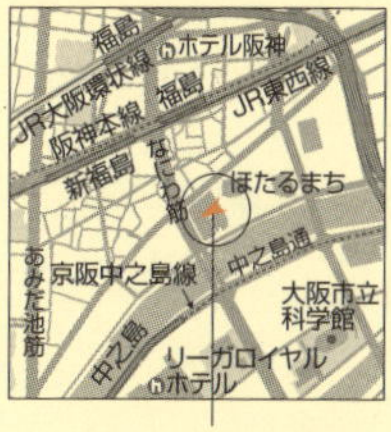

お店の所在地

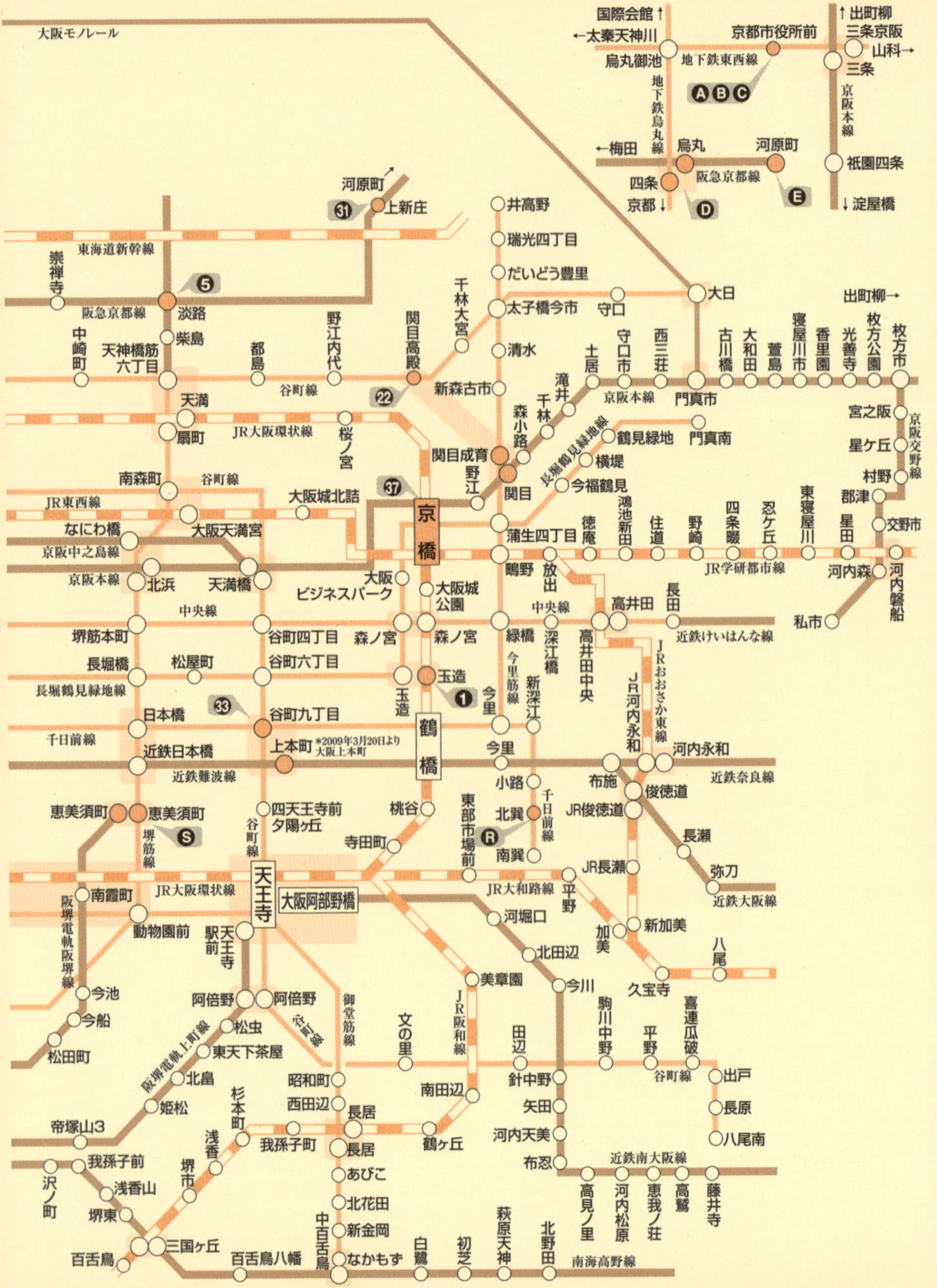

大阪モノレール
国際会館↑
←太秦天神川
烏丸御池
京都市役所前
地下鉄東西線
地下鉄烏丸線
ABC
↑出町柳
三条京阪
山科→
三条
京阪本線
←梅田
烏丸
河原町
四条
阪急京都線
京都↓
D
E
祇園四条
↓淀屋橋
河原町↗
31
上新庄
東海道新幹線
崇禅寺
5
淡路
阪急京都線
柴島
中崎町
天神橋筋六丁目
都島
野江内代
関目高殿
千林大宮
井高野
瑞光四丁目
だいどう豊里
太子橋今市
守口
大日
清水
出町柳→
谷町線
22
新森古市
土居
守口市
西三荘
古川橋
大和田
萱島
寝屋川市
香里園
光善寺
枚方公園
枚方市
滝井
京阪本線
門真市
千林
宮之阪
天満
扇町
JR大阪環状線
桜ノ宮
森小路
長堀鶴見緑地線
鶴見緑地
門真南
京阪交野線
星ケ丘
関目成育
横堤
南森町
谷町線
野江
関目
今福鶴見
村野
37
郡津
JR東西線
大阪城北詰
京橋
交野市
なにわ橋
大阪天満宮
京阪中之島線
蒲生四丁目
徳庵
鴻池新田
住道
野崎
四条畷
忍ケ丘
東寝屋川
星田
河内森
京阪本線
北浜
天満橋
大阪ビジネスパーク
鴫野
放出
JR学研都市線
河内磐船
大阪城公園
長田
中央線
中央線
高井田
私市
堺筋本町
谷町四丁目
森ノ宮
森ノ宮
緑橋
深江橋
近鉄けいはんな線
長堀橋
松屋町
谷町六丁目
玉造
玉造
高井田中央
JRおおさか東線
長堀鶴見緑地線
今里筋線
1
新深江
今里
JR河内永和
33
日本橋
谷町九丁目
鶴橋
千日前線
近鉄日本橋
上本町
*2009年3月20日より大阪上本町
今里
河内永和
近鉄難波線
布施
近鉄奈良線
小路
俊徳道
恵美須町
恵美須町
四天王寺前夕陽ケ丘
桃谷
千日前線
北巽
JR俊徳道
東部市場前
谷町線
堺筋線
S
R
長瀬
寺田町
南巽
JR長瀬
弥刀
天王寺
JR大阪環状線
JR大和路線
平野
近鉄大阪線
南霞町
大阪阿部野橋
阪堺電軌阪堺線
河堀口
動物園前
天王寺駅前
加美
新加美
北田辺
八尾
美章園
久宝寺
今川
今池
阿倍野
阿倍野
今船
御堂筋線
JR阪和線
駒川中野
喜連瓜破
松虫
文の里
田辺
平野
松田町
近鉄南大阪線
阪堺電軌上町線
東天下茶屋
谷町線
北畠
針中野
出戸
昭和町
杉本町
西田辺
南田辺
矢田
長原
姫松
長居
帝塚山3
河内天美
八尾南
浅香
我孫子町
長居
鶴ケ丘
布忍
近鉄南大阪線
我孫子前
あびこ
高見ノ里
河内松原
恵我ノ荘
高鷲
藤井寺
沢ノ町
堺市
浅香山
北花田
萩原天神
堺東
新金岡
中百舌鳥
三国ケ丘
白鷺
初芝
北野田
百舌鳥
百舌鳥八幡
なかもず
南海高野線

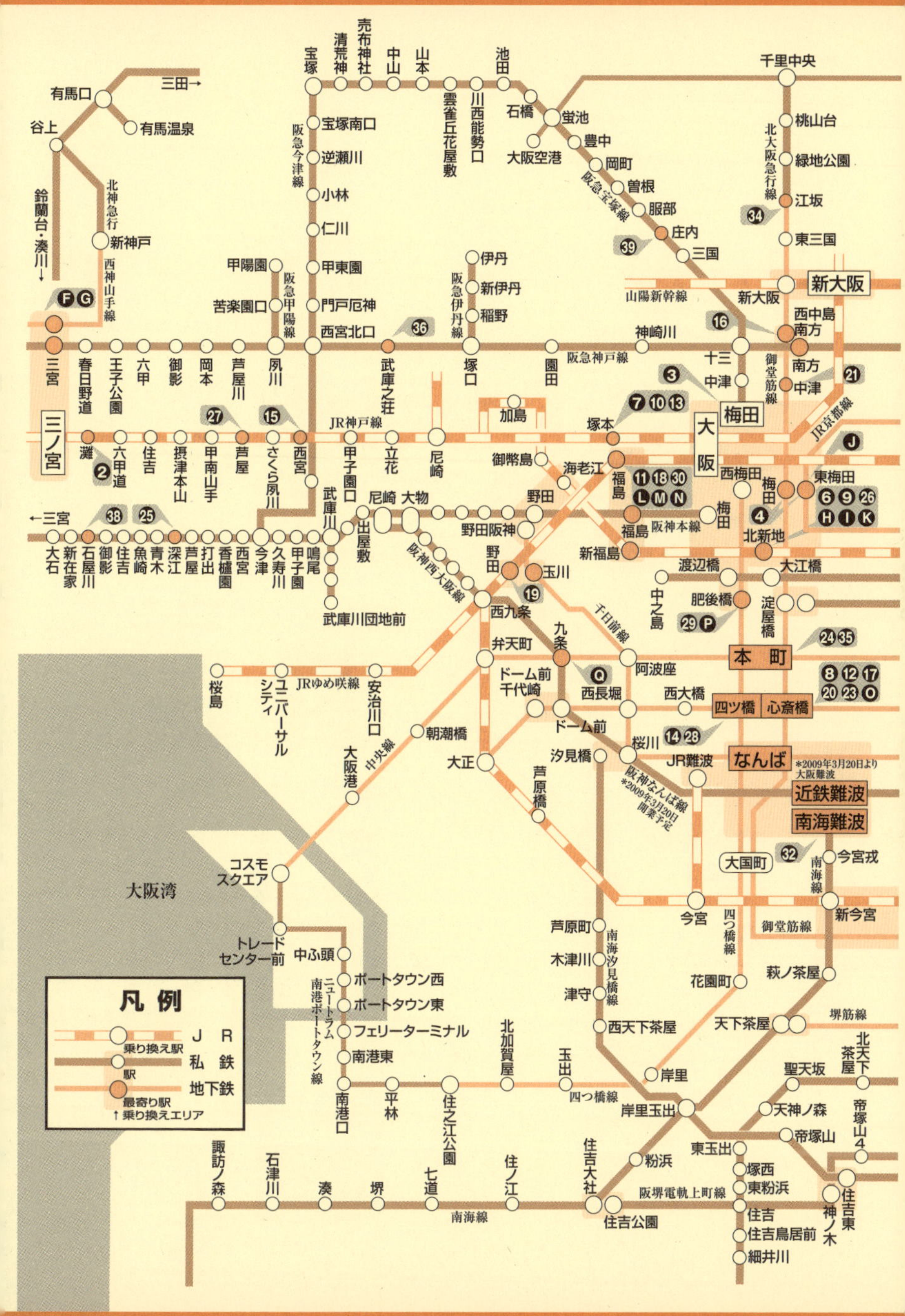

三田→
有馬口
有馬温泉
谷上
鈴蘭台・湊川↓
北神急行
新神戸
西神山手線
宝塚
清荒神
売布神社
中山
山本
雲雀丘花屋敷
川西能勢口
池田
石橋
蛍池
大阪空港
豊中
岡町
曽根
服部
庄内
三国
阪急宝塚線
宝塚南口
逆瀬川
小林
仁川
甲東園
門戸厄神
西宮北口
阪急今津線
甲陽園
苦楽園口
阪急甲陽線
伊丹
新伊丹
稲野
阪急伊丹線
塚口
園田
神崎川
阪急神戸線
十三
中津
梅田
千里中央
桃山台
緑地公園
江坂
東三国
北大阪急行線
新大阪
山陽新幹線
西中島南方
南方
中津
御堂筋線
JR京都線
三宮
春日野道
王子公園
六甲
御影
岡本
芦屋川
夙川
武庫之荘
三ノ宮
灘
六甲道
住吉
摂津本山
甲南山手
芦屋
さくら夙川
西宮
JR神戸線
甲子園口
立花
尼崎
加島
塚本
御幣島
海老江
大阪
福島
東梅田
北新地
←三宮
大石
新在家
石屋川
御影
住吉
魚崎
青木
深江
芦屋
打出
香櫨園
西宮
今津
久寿川
甲子園
鳴尾
武庫川
出屋敷
尼崎
大物
阪神西大阪線
武庫川団地前
野田
野田阪神
玉川
福島
阪神本線
新福島
渡辺橋
大江橋
中之島
肥後橋
淀屋橋
西九条
千日前線
弁天町
九条
阿波座
本町
ドーム前千代崎
西長堀
西大橋
四ツ橋
心斎橋
ドーム前
桜川
桜島
ユニバーサルシティ
JRゆめ咲線
安治川口
朝潮橋
大正
汐見橋
JR難波
なんば
*2009年3月20日より大阪難波
阪神なんば線
*2009年3月20日開業予定
近鉄難波
南海難波
大阪港
中央線
芦原橋
大国町
今宮戎
南海線
今宮
新今宮
四つ橋線
御堂筋線
大阪湾
コスモスクエア
トレードセンター前
中ふ頭
ポートタウン西
ポートタウン東
フェリーターミナル
南港東
南港口
ニュートラム南港ポートタウン線
平林
住之江公園
北加賀屋
玉出
四つ橋線
芦原町
木津川
津守
南海汐見橋線
西天下茶屋
花園町
萩ノ茶屋
天下茶屋
堺筋線
岸里
岸里玉出
聖天坂
天神ノ森
北天下茶屋
帝塚山
帝塚山4
東玉出
粉浜
塚西
東粉浜
阪堺電軌上町線
住吉
住吉鳥居前
細井川
神ノ木
住吉東
諏訪ノ森
石津川
湊
堺
七道
住ノ江
住吉大社
住吉公園
南海線
凡例
JR
乗り換え駅
私鉄
駅
地下鉄
最寄り駅
↑乗り換えエリア

紹介店一覧

data file
01

居酒屋 ながほり

P.8

住所　大阪市中央区上町 1-3-9
電話　06-6768-0515
営業時間　17：00 ～ 24：00
休み　日曜、祝日
予約　可
予算　7000 円～ 8000 円

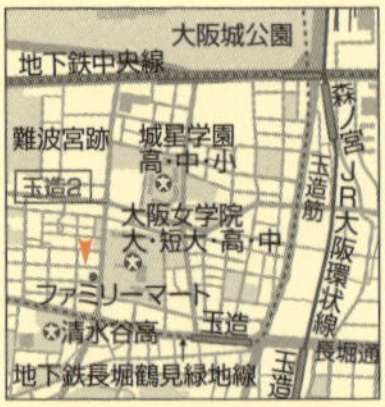

data file
02

だれやめ処 蘭引《らんびき》

P.14

住所　神戸市灘区城内通 5-3-20
電話　078-871-2208
営業時間　18：00 ～ 01：00
休み　日曜
予約　可
予算　2500 円

data file
03

テン

P.16

住所　大阪市北区堂山町 14-29
電話　06-6316-1515
営業時間　19：00 ～ 05：00（03：30LO）
休み　日曜
予約　可
予算　2500 円

data file
04

食神来神《くうじんらいじん》

P.18

住所　大阪市北区西天満 6-8-15
電話　06-6316-5555
営業時間　18：00 ～ 04：00
休み　日曜、祝日
予約　可
予算　3000 円

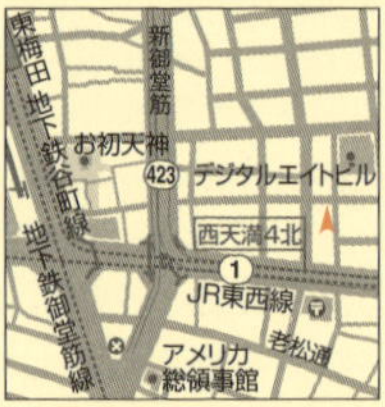

data file
05

千成《せんなり》寿司《ずし》

P.20

住所　大阪市東淀川区菅原 5-5-13
電話　06-6322-7799
営業時間　17：00 ～ 24：00（22：00LO）
休み　月曜
予約　可
予算　10000 円

data file
06

COWCOW《カウカウ》

P.22

住所　大阪市北区堂島 1-3-9　日宝堂島センター 1F
電話　06-6348-1129
営業時間　18：00 ～ 05：00
休み　日曜、祝日、第 3 土曜
予約　可
予算　3500 円～ 10000 円

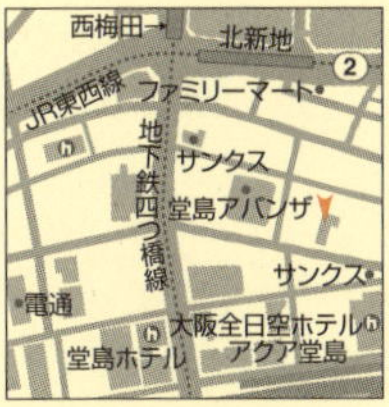

data file
07

鮮度魚来 春団治《はるだんじ》

P.24

住所　大阪市西淀川区柏里 3-11-5
電話　06-6475-6175
営業時間　16：00 ～ 01：00（24：00LO）
休み　水曜
予約　可
予算　5000 円

data file
08

ひぐち家《や》

P.26

住所　大阪市中央区東心斎橋 1-18-15
電話　06-6282-5234
営業時間　18：00 ～ 03：00（02：00LO）、
日曜、祝日 15：00 ～ 24：00（23：00LO）
休み　なし
予約　可
予算　5000 円

data file
09

心水《もとみ》

P.28

住所　大阪市北区堂島 2-1-24　堂島アーバンライフ 1F
電話　06-4797-9555
営業時間　11：30 ～ 14：00（13：30LO）、
17：00 ～ 23：00（22：00LO）
休み　日曜、祝日
予約　可
予算　5000 円

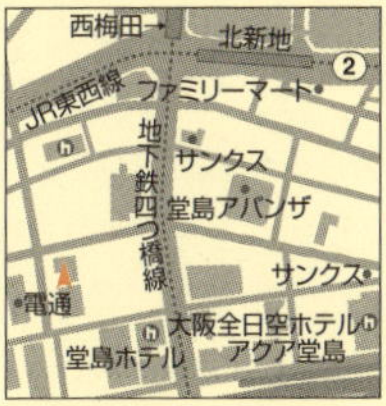

data file
10

沙《さ》溜《る》

P.30

住所　大阪市西淀川区柏里 3-13-14
電話　06-4808-0772
営業時間　17：30 ～ 23：30（LO）
日曜、祝日 17：30 ～ 23：00（LO）
休み　水曜
予約　可
予算　2000 円

data file
11

ラ・ルッチョラ

P.32

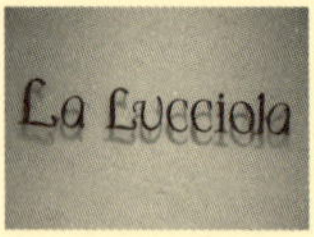

住所　大阪市福島区福島 6-9-17　レジオン福島 1F
電話　06-6458-0199
営業時間　12：00 ～ 14：00、18：00 ～ 24：00
休み　火曜
予約　要予約
予算　6000 円

data file
12

バンバンザイ

P.34

住所　大阪市中央区南船場 3-2-28　日宝タイヨービル 2F-2
電話　06-6243-4949
営業時間　17：30 ～ 02：00
休み　不定休
予約　可
予算　2500 円

data file
13

ご馳走 じきはら

P.36

住所　大阪市淀川区塚本 2-14-7
電話　06-6303-3037
営業時間　17：00 ～ 23：00
休み　木曜
予約　可
予算　5000 円

data file
14

七福星《しちふくせい》

P.38

住所　大阪市西区北堀江 1-10-2　都市開発ビル 1F
電話　06-6532-0271
営業時間　12：00 ～ 13：00、17：00 ～ 21：00、
土曜 12：00 ～ 15：00、16：00 ～ 21：00
休み　日曜、祝日
予約　不可
予算　4000 円

data file
15

琉球料理 にしむら家《や》

P.40

住所　兵庫県西宮市池田町 7-1
電話　0798-34-5666
営業時間　17：30 ～ 23：00（22：00LO）
休み　月曜
予約　コース料理のみ可
予算　3000 円～ 5000 円、コース料理 3500 円

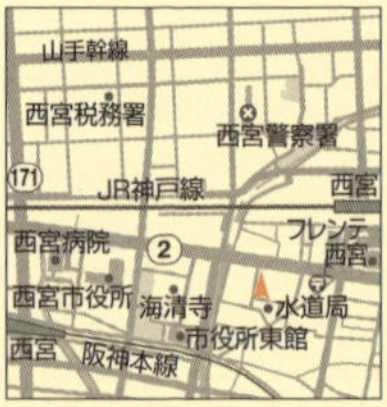

data file
16
バル・マル・エスパーニャ
P.42

住所　大阪市淀川区西中島 3-15-7
新大阪プリンスビル 1F
電話　06-6886-1525
営業時間　17：30 ～ 02：00（01：00LO）
休み　日曜、祝日
予約　可
予算　2500 円～ 3000 円

data file
17
火鍋楼 朱夏《しゅか》
P.44

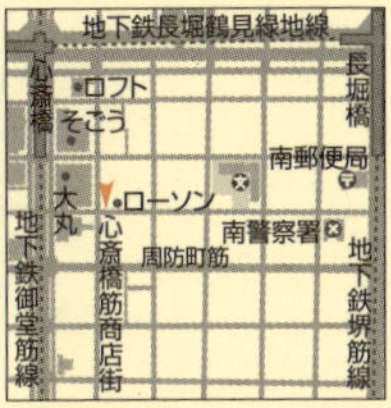

住所　大阪市中央区心斎橋筋 1-4-14　ENKYO BLDG.B1F
電話　06-6261-8111
営業時間　11：30 ～ 15：00、17：00 ～ 23：00（22：00LO）
休み　なし
予約　可
予算　4500 円

data file
18
シューズ・カフェ・バー イチノ
P.46

住所　大阪市福島区福島 7-17-9
電話　06-6456-0117
営業時間　11：00 ～ 19：00
休み　火曜
予約　夜のみ完全予約制
予算　8000 円

data file
19
お好み焼き 藍《あい》
P.48

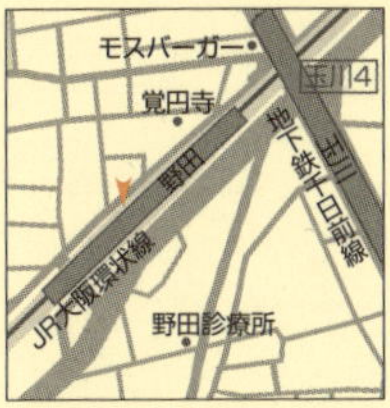

住所　大阪市福島区吉野 3-1-28
電話　06-6468-8099
営業時間　11：30 ～ 13：30、17：00 ～ 22：30（LO）、
日曜、祝日 17：00 ～ 21：30（LO）
休み　第 1・3・5 日曜
予約　可
予算　2500 円

data file
20
イル・ソーレ・ロッソ
P.50

住所　大阪市中央区心斎橋筋 1-4-14
ENKYO BLDG. 2F
電話　06-6251-5132
営業時間　11:30 ～ 14:30（LO）、17:30 ～ 21:30（LO）
休み　なし
予約　可
予算　3000 円

data file
21

炉端屋 つばめいろ

P.54

住所　大阪市北区大淀中 1-16-16
電話　06-4797-2266
営業時間　月～金曜 11：30 ～ 14：00、17：30 ～ 02：00、土曜 17：30 ～ 02：00
休み　日曜
予約　可
予算　3500 円

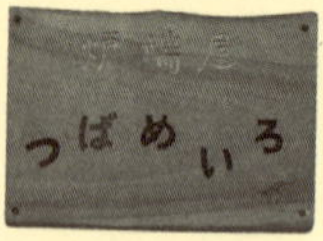

data file
22

わ吉《きち》

P.56

住所　大阪市旭区高殿 2-12-24
電話　06-6922-7088
営業時間　17：30 ～ 24：00
休み　水曜
予約　可
予算　3500 円

data file
23

居酒屋 梅《うめ》の湯《ゆ》

P.58

住所　大阪市中央区東心斎橋 1-13-10
電話　06-6252-3233
営業時間　18：00 ～ 03：00（02：30LO）
休み　日曜
予約　可
予算　3000 円～ 5000 円

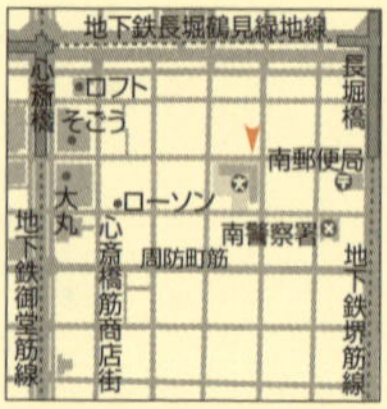

data file
24

ボラーチョ

P.62

住所　大阪市西区靭本町 1-14-2　田中 BLD1F
電話　06-6444-7777
営業時間　18：00 ～ 23：00 頃（LO）
休み　水曜
予約　19：00 までは可
予算　3000 円

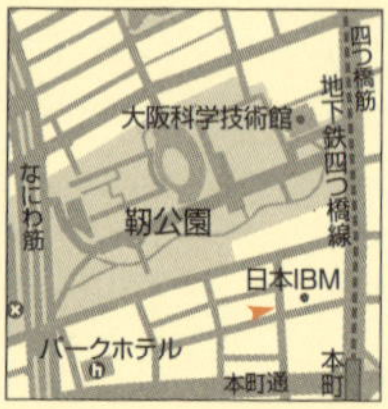

data file
25

喰《く》らい場《ば》

P.66

住所　神戸市東灘区深江本町 3-9-1
電話　078-452-2278
営業時間　17：30 ～ 23：00
休み　木曜
予約　可
予算　3000 円

data file
26

黒毛和牛のもつ鍋 いちえ

P.68

住所　大阪市北区曽根崎新地 1-3-33
電話　06-6341-1801
営業時間　17：00 ～ 05：00
休み　日曜、祝日
予約　可
予算　4000 円

data file
27

魯《ろ》耕《こう》

P.70

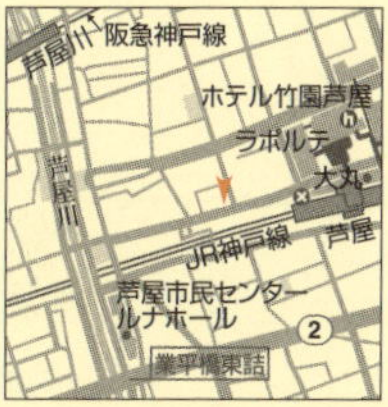

住所　芦屋市松ノ内町 2-1
電話　0797-34-4562
営業時間　18：00 ～ 24：00
休み　なし
予約　可
予算　4500 円

data file
28

鉄板焼き お好み焼き oribe《オリベ》

P.72

住所　大阪市西区新町 1-6-18
タカラハウス四ツ橋 1F
電話　06-6532-8266
営業時間　17：30 ～ 22：00
休み　火・第 3 月曜
予約　可
予算　6000 円～

data file
29

ヒュッゲ

P.76

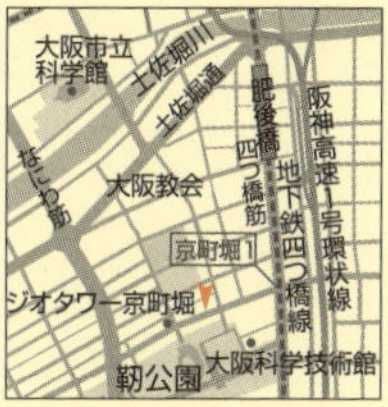

住所　大阪市西区京町堀 1-12-8　2F
電話　06-6441-3477
営業時間　11：30 ～ 14：30、17：30 ～ 21：30（LO）
休み　日曜
予約　可
予算　4500 円

data file
30

ボーチカ

P.80

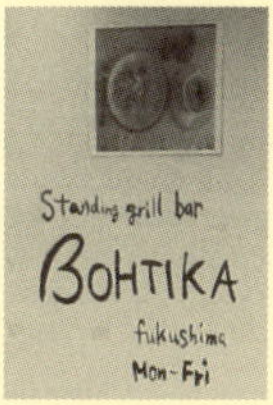

住所　大阪市福島区福島 1-6-20
電話　06-4799-8311
営業時間　11：45 ～ 14：00、
18：00 ～ 24：00（ランチは火～金曜）
休み　日曜、祝日
予約　可
予算　3000 円

data file
31

焼鳥 凡《ぼん》僧《ぞ》

P.84

住所　大阪市東淀川区小松 1-1-2　江口実業ビル 1F
電話　06-6320-2564
営業時間　18：00 〜 24：00、土曜 17：30 〜 24：00、日曜、祝日 17：30 〜 23：00
休み　第 3 月曜、月曜不定休
予約　可
予算　3500 〜 4000 円

data file
32

バルバラ

P.86

住所　大阪市中央区難波千日前 5-30
電話　06-6636-0315
営業時間　18：00 〜 24：00（23：30LO）
休み　日曜、祝日
予約　可
予算　4000 円

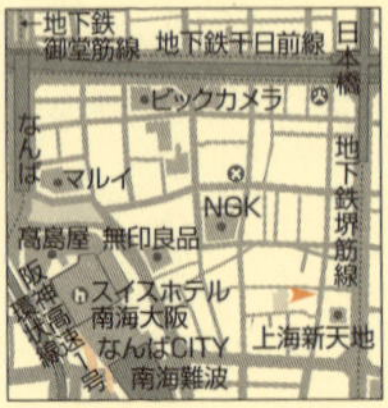

data file
33

元祖 もっちゃん

P.88

住所　大阪市天王寺区生玉前町 1-11　MAX ビル 1F
電話　06-6776-4000
営業時間　17：00 〜 23：00（LO）
休み　月曜
予約　可
予算　5000 円

data file
34

オ・ガラージュ

P.92

住所　吹田市豊津町 18-1　E-GATE1F
電話　06-6386-5583
営業時間　11：30 〜 14：30（14：00LO）、17：30 〜 23：00（22：00LO）
休み　日曜、祝日
予約　可
予算　4500 円

data file
35

天ぷら×日本酒　介《すけ》

P.96

住所　大阪市中央区南久宝寺町 4-7-3
電話　06-6241-0404
営業時間　18：00 〜 01：00（24：00LO）
休み　日曜（祝日の場合は営業・翌月曜休）
予約　可
予算　3500 円〜

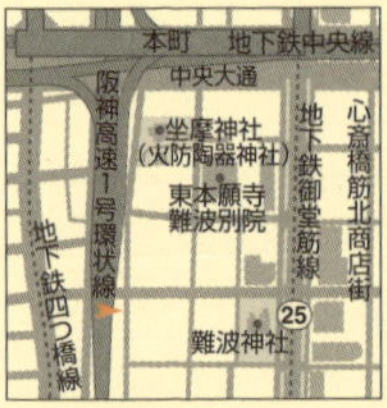

data file
36

鞍山《あんざん》

P.100

住所　尼崎市武庫之荘 1-12-15
電話　06-6431-8038
営業時間　11:30 ～ 14:00（LO）、17:00 ～ 22:00（LO）、
日曜、祝日 17：00 ～ 21：00（LO）
休み　火曜、第 3 水曜
予約　可
予算　3000 円

data file
37

炭焼きとワイン Sava《サヴァ》

P.104

住所　大阪市都島区東野田町 3-6-24
電話　06-6353-5517
営業時間　17：00 ～ 01：00（24：30LO）
休み　なし
予約　可
予算　3000 円

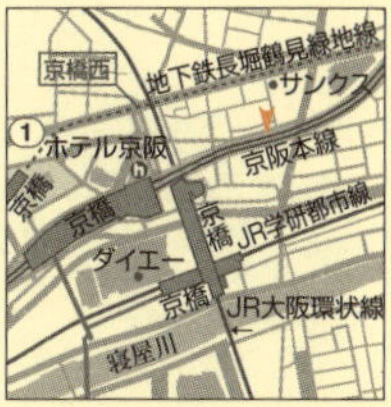

data file
38

ヴィン サント

P.108

住所　神戸市灘区徳井町 4-1-3
電話　078-843-4308
営業時間　11：00 ～ 14：00、
18：00 ～ 22：00　※第 3 金曜はランチ休み
休み　木曜
予約　可
予算　4000 円

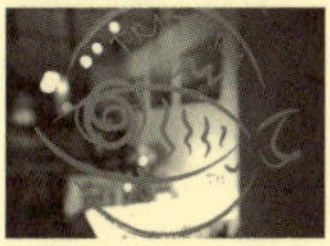

data file
39

パセミヤ

P.112

住所　豊中市庄内西町 2-23-23　グルメシティ庄内店
１F 専門店街
電話　06-4867-1076
営業時間　12：00 ～ 20：00（最終入店）
休み　水曜
予約　可
予算　5000 円

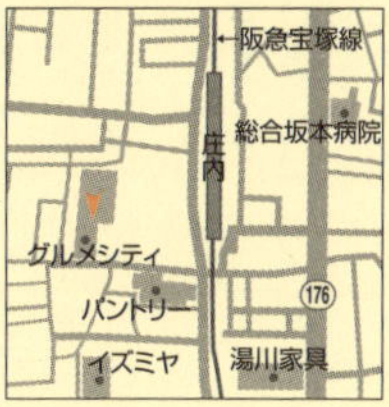

「知られてたまるか！」アナウンサー座談会

〈参加者〉
堀江政生
関根友実
上田剛彦
加藤明子
須々木享
（担当プロデューサー）

「知られてたまるか！」もスタートからまる４年。
この期間、食に厳しい勝谷さんの洗礼を受け、目も肥え、舌も肥え、
グルメ道をひたすら走り続けたアナウンサーが、
取材店を振り返ります。

※話題に上っている店は、【　】内に本書での掲載番号を記載しています。

忘れられない味・店

須…いよいよ2巻目ですね。今回のテレビロケのスタートは焼酎バーでしたね。

加…禁断の○○を食べてしまいました。衝撃でした。

堀…マニアックな部位ですね。

須…でもおいしかったね。

上…このコーナーは生ものが多いですね。

加…勝谷さんの好みです。

上…素材そのものを味わいたいとなると、そうなるんですよね。

堀…勝谷さんは、酒の種類が多いだけじゃだめで、料理にもすごくこだわる。

須…そういえば、勝谷さんの店選びが変わりましたね。前は男がこっそり行くって感じの店が多かったけど。

加…最近は何屋さんっていうジャンルでくくれない店が多いですね。

須…メニューを見ても何が出てくるかわからない店が増えた。そういう意味では、よりバラエティに富んだ店揃えで、1巻目以上にお楽しみも増えたかもしれない。印象的な店というと？

堀…【31】かな。軍鶏の味、噛んでも噛んでも味が出てくる。本来、鶏肉ってこういう味なんだ、と実感しました。

上…シメにラーメンがありましたけど、どうでした？

堀…食べたんだけど、覚えてない（笑）。

関…皆酔っ払ってしまうから、冒頭しか覚えてないんじゃないの。

加…私が「知らたま！」史上一番酔っぱらっておいしかったのは【32】。

須…鮮魚店出身のご主人ね。黒門市場の有名な魚屋の息子さん。

堀江政生アナ

加…ヨーロッパを旅したご主人がワインの味を知って、ワインをお客さんに飲ませたくて開いた店。ワインがコップ酒みたいに出てくるんです。魚と他の素材の組み合わせが本当においしい。
関…私は【04】のおこげマッコリ。あ、前の本でも言ったっけ。
上…同じこと言うくらいおいしかったんだ。前はおこげもっこりって言い間違えて（笑）。
関…【25】は、フレンチだけど庶民の居酒屋で、採算度外視したシェフの串かつが、めちゃめちゃおいしかった。この値段でいいの!ってびっくり。
上…僕が一番酔っ払った店はどこでしょうか。
加…【21】
堀…【17】
関…【27】
上…違いま〜す。正解は堀江さんが行った【12】。そのいきさつは1巻目に書いてあります。
堀…本当のコップ酒、ワンカップが出てくる店だね。

関根友実アナ

関…カウンターで寝たんだよね。

堀…マスターが言ってたよ。ずっと寝てるし、高い酒こぼすし、俺、何度謝ったことか。

上…すみません。僕がよく行くのは前社屋から近かった【21】。印象的なのは【03】のホルモン焼きうどん。

須…兵庫県の佐用地方だけの特殊な食べ方ですよね。

上…劇団関係者がよくくるんですよ。女将も女優さんだし。

須…堀江さんはもつ専門でしたが、最近は焼き鳥が多いですね。

上…加藤はちょっとおしゃれな店。ぐにゅぐにゅ、じゅるじゅるは関根さん。

加…フレンチの【29】もおいしかった。インテリアも素敵だし。


須…ああいう雰囲気の店は、やっぱり加藤だね。ワイン好きで、本当によく飲むようになった。ワインの解説もするし、成長したね。

堀…成長というより、本性が出てきたんだよ。アナウンサーだからこうあらねば、という殻を取っ払っちゃってさ。

加…そうですね。私が唯一殻を取り払うコーナーです。このコーナーで解放されたんです。お酒の力で（笑）。

須…VTRが始まって少しすると加藤の表情が変わる。そして3品目くらいで、おでこが赤くなる。ディレクターが編集しながら喜んでるもん。

関…色っぽくなるのね。

須…上田は目が半分くらいになるからわかる。

上田剛彦アナ

上…そこからが長いんですよ僕。

堀…おい、仕事だぞ。

上…ディレクターが優秀なので、酔っ払ってもうまくまとめてくれるだろうって思ってる。

須…一番収録が長いのは関根。どんだけ笑えるか。でも放送できない話題なんだよね。使えないってわかりつつ、勝谷さんがさらに話をかぶせていく（笑）。タクシーの運転手さん推薦の【22】もよかったね。

堀…ラジオ班がよく行ってますよ。１０００円くらいでも飲めるし。大阪の中心から外れてるのもいいですね。最近はタクシーチケットが出ないから、会社より家の近所で飲む人も多いし。

須…でも堀江さんがイタリアンやスペイン料理の店を教えてくれたのは驚き。

加…堀江さん推薦の【20】もピザがおいしかった。

堀…僕、ワインはあまり好きじゃないんで、こういう店に行ってもビールとか焼酎ですね。

加藤明子アナ

関…この店にコメンテーターのやくさんと須田さんをお連れしました。

須…やくさんが「大阪でおいしいピザ食べた」って言ってたのは、ここか。

堀…ホルモン系は社内メールで、よく質問が来ます。

加…【06】は、本当に男性からの問い合わせが多かったです。

関…新地だしね。下心ありかしら？

ABC朝日放送、ほたるまちへ

須…大きな出来事としては新社屋に引っ越したこと。1キロほど移動しただけでも街の雰囲気が違って、新たな店もたくさん見つけました。

上…僕も仕事帰りにいろいろ開拓してます。

関…ウエダミシュランないの？

上…星をつけられないほど、おすすめの店がいっぱいあります。

関…【30】のピロシキを買おうと思ってるんだけど、いつも混んでる。

加…今、大阪の福島は熱いですよね。

須…「知らたま！」ルーキーの乾も登場しました。

上…【14】ですね。はじめは「飲めない」って言ってたんですよ。ところが、このロケに行って、飲めることがわかった。

関…深窓の令嬢って雰囲気で、ほとんど飲み会にも参加したことなかったしね。

加…最近は家でも、家族とワインを飲んだりするそうですよ。

全…えー！

堀…本番前にプレビューを見て、「私のコメント面白くないかもしれません…」って言うんだよ。お前はお笑いじゃない、方向性を勘違いしてるって言ったんだけどね。

加…コメントが予期せぬところから来るって、勝谷さんが言ってました。

須…そう、話がかみ合ってないのに面白い展開になるんだ。反射神経だけで話してるんじゃないかな。あれは強力な戦力だ。

堀…それってアナウンサーとしてはどうなんだ…。

食通は料理が好きになる

関…上田くんは週何回くらい飲むの？

上…毎日飲んでます。ビール数缶と白ワイン1本くらい。

関…えっ、毎日？

堀…うらやましいなぁ。

上…安いワインですよ。

堀…値段じゃなくて、そういう環境がうらやましい。独身の気楽さというかさ。でも、体こわすなよ。

関…梅酒も漬けるんだよね。

上…今までのが20数本あります。全部自分用で、少しずつ飲んでます。

関…ラベルとかつけてるんでしょ。

上…もちろん、漬けた年や分量を書いてます。

加…すごーい！

須…シェフに作り方を聞くことも多いね。

上…オープンキッチンが多いから、手元が見えるんですよね。

関…鉄板使いに蒸し時間、味付けではポン酢使いとかが勉強になりますね。

須…僕は中華鍋にせいろを置いて、魚や野菜を蒸すようになりました。

加…塩だけで食べるっていうのを、「知らたま！」で教わりました。

上…僕、料理によって使い分けるために、家に十何種類も塩がありますよ。海外でも買うし、人からももらうし。

堀…凝り性だな。

上…勝谷さんには負けますけど。そういえば、年末に【18】のロケの後、皆でカラオケに行きましたね。

須…勝谷さんがカラオケを熱唱するとは。

関…全てサザンの曲で、でも桑田佳祐というよりは、忌野清志郎なんですよね。

堀…音楽性は高いの？

上…聴いたらわかります。

堀…本人は小さい時からピアノをやってたから、絶対音感があると思ってるはずですよ。

上…絶対音感を隠してたのかなぁ…。

加…最近は行ってないから、また皆で行きましょう。

ひんしゅくを買うのも番組の魅力

関…夕方5時台のコーナーだから、皆お腹すいてる時間帯。他のスタッフは怒ってるかも。

須…酔っ払って遊んでるだけじゃないかって。

堀…そう思ってもらえたら本望ですね。

須…「こんなコーナーやめちまえ！」っていうハガキが来ましたよ。店はわからないし、皆酔っぱらってるしって。

堀…ハガキならいいじゃないですか。面と向かっておばちゃんに言われるとキツイですよ。「堀江さん、最近やせた？」「いいえそんなことないですよ」「そうよね、仕事がきついはずないわよね。おいしいもの食べて飲んでるだけですもんね、やせるわけないわよね」って（笑）。

上…放送だけを見るとそうですが、裏では僕らもいろいろと努力してるんですよね。きれいに映るようにとかね。

堀…通常の番組だと、撮影してから食べるから、既にさめてる。このコーナーは一番おいしい状態で食べてるからね。

関…本当に正直な感想ですよね。お店も真剣勝負でいいものを作ってくれてますね。

上…別の機会に行っても味は変わらないですね。

堀…1巻目の発売当時、関西の書店売上でトップを競り合った『ホームレス中学生』に申し訳ないね。あっちはダンボール食べてたのに、こっちは旨いもの食べてるし、しかも肝心のデータは袋とじだし。2巻目はこの座談会まで袋とじ。本を買って、この座談会を読んでくださった皆さん、どうもありがとうございます。

TOPIC

ジュンク堂書店大阪本店で開催された、前作『勝谷誠彦の知られてたまるか！』発売記念サイン会（2007年10月2日）に、たくさんの方が来場されました。スタッフ一同、心より御礼申し上げます。

秘